U0607054

山不争高自成峰

——曾国藩励志家书选

曾国藩 著

主　任：徐　潜
副主任：王宝平　李怀科　张　毅
编　委：袁一鸣　郭敬梅　魏鸿鸣
　　　　林　立　侯景华　于永玉
　　　　崔红亮

中华工商联合出版社

图书在版编目（CIP）数据

山不争高自成峰：曾国藩励志家书选／（清）曾国藩著；穆洛编. --北京：中华工商联合出版社，2014.10

ISBN 978-7-5158-1108-6

Ⅰ．①山… Ⅱ．①曾… ②穆… Ⅲ．①曾国藩（1811～1872）—书信集 Ⅳ．①K827＝52

中国版本图书馆 CIP 数据核字（2014）第 225483 号

山不争高自成峰
——曾国藩励志家书选

作　　者：〔清〕曾国藩
出 品 人：徐　潜
策划编辑：魏鸿鸣
责任编辑：林　立　崔红亮
封面设计：周　源
责任审读：郭敬梅
责任印制：迈致红
出版发行：中华工商联合出版社有限责任公司
印　　刷：天津旭丰源印刷有限公司
版　　次：2014 年 12 月第 1 版
印　　次：2023 年 4 月第 4 次印刷
开　　本：710mm×1020mm　1/16
字　　数：200 千字
印　　张：15.75
书　　号：ISBN 978-7-5158-1108-6
定　　价：59.80元

服务热线：010－58301130
销售热线：010－58302813
地址邮编：北京市西城区西环广场 A 座
　　　　　19－20 层，100044
http://www.chgslcbs.cn
E-mail：cicap1202@sina.com（营销中心）
E-mail：gslzbs@sina.com（总编室）

序

　　为了给《传世励志经典》写几句话，我翻阅了手边几种常见的古今中外圣贤大师关于人生的书，大致统计了一下，励志类的比例，确为首屈一指。其实古往今来，所有的成功者，他们的人生和他们所激赏的人生，不外是：有志者，事竟成。

　　励志是动宾结构的词，励是磨砺，志是志向，放在一起就是磨砺志向。所以说，励志不是简单的立志，是要像把刀放在石头上磨才能锋利一样，这个磨砺，也不是轻而易举地摩擦一下，而是要下力气的，对刀来说，不仅要把自身的锈磨掉，还要把多余的部分都要毫不留情地磨掉，这简直是一场磨难。所有绚丽的人生都是用艰难磨砺成的，砥砺生命放光华。可见，励志至少有三层意思：

　　一是立志。国人都崇拜的一本书叫《易经》，那里面有一句话说：天行健，君子以自强不息。这是一种天人合一的理念，它揭示了自然界和人类发展演化的基本规律，所以一切圣贤伟人无不遵循此道。当然，这里还有一个立什么样的志的问题，孔子说：士不可以不弘毅，任重而道远。古往今来，凡志士仁人立的都是天下家国之志。李白说：大丈夫必有四方之志，白居易有诗曰：丈夫贵兼济，岂独善一身，讲的都是这个道理。

二是励志。有了志向不一定就能成事，《礼记》里说：玉不琢，不成器。因为从理想到现实还有很大的距离。志向须在现实的困境中反复历练，不断考验才能变得坚韧弘毅，才能一步一个脚印地逐步实现。所以拿破仑说：真正之才智乃刚毅之志向。孟子则把天将降大任于斯人描述得如此艰难困苦。我们看看历代圣贤，从三大宗的创始人耶稣、默哈穆德、释迦牟尼到孔夫子、司马迁、孙中山，直至各行各业的精英，哪一个不是历经磨难终成大业，哪一个不是砥砺生命放射出人生的光芒。

三是守志。无论立志还是励志都不是一朝一夕、一蹴而就的，它贯穿了人的一生，无论生命之火是绚丽还是暗淡，都将到它熄灭的最后一刻。所以真正的有志者，一方面存矢志不渝之德，另一方面有不为穷变节、不为贱易志之气。像孟子说的那样：富贵不能淫、贫贱不能移、威武不能屈。明代有位首辅大臣叫刘吉，他说过：有志者立长志，无志者常立志，这话是很有道理的。

话说回来，励志并非粘贴在生命上的标签，而是融汇于人生中一点一滴的气蕴，最后成长为人的格调和气质，成就人生的梦想。不管你做哪一行，有志不论年少，无志空活百年。

这套《传世励志经典》共收辑了100部图书，包括传记、文集、选辑。为励志者满足心灵的渴望，有的像心灵鸡汤，营养而鲜美；有的就是萝卜白菜或粗茶淡饭，却是生命之必需。无论直接或间接，先贤们的追求和感悟，一定会给我们带来生命的惊喜。

徐 潜

2014 年 5 月 16 日

前　言

　　本书收录了自道光二十一年至同治十年之间，曾国藩写给父母、叔父母、兄弟、子女等人的部分家书，这些家书内容涉及对家中私事的交代、对官场仕途的感悟、对时局战局的评论、对子女为学的教导，以及对养生智慧的总结等，从而展现了这一晚清重臣的风范和其一生的主要思想。

　　曾国藩，生于1811，卒于1872年，湖南省长沙府湘乡（今湖南省双峰县）人。清代军事家、理学家、政治家、书法家、文学家。曾任两江总督、直隶总督、武英殿大学士，是湘军的创立者和统帅。作为晚清名臣，继承桐城派方苞、姚鼐而自立风格，创立晚清古文的湘乡派。

　　在曾国藩的著作里，尤以其家书而闻名，这是一部蕴含为人处世与持家教子的人生智慧书，内容丰富，形式自由，真知良言在平淡的家常事中得以体现。他给弟弟的信里曾这样写："余自十月初一立志自新以来，虽懒惰如故，而每日楷书写日记，每日读史十页，每日记《茶余偶谈》一则，此三事未尝一日间断。"人但有恒，事无不成，日日不断地写日记、读书、做笔记，一辈子都在进步，难怪后人会有"做官当学曾国藩"的说法。

经典文化是历史文化传统中的脊梁，阅读经典是传承文化的需要，也是提升自我的需要。曾国藩持之以恒，读书做笔记的做法，是对传统经典的传承，而他写就的家书也是这样的经典，希望读者能从中有所获益。

编　者

目　录

治学卷

交友卷

为政卷

养生卷

修身卷

致诸弟·但自问立志之真不真耳

十月二十一日接九弟在长沙所发信，内途中日记六页，外药子一包。二十二接九月初二日家信，欣悉以慰。

自九弟出京后，余无日不忧虑，诚恐道路变故多端，难以臆揣。及读来书，果不出吾所料，千辛万苦始得到家，幸哉幸哉！郑伴之不足恃，余早已知之矣。郁滋堂如此之好，余实不胜感激。在长沙时，曾未道及彭山屺，何也？又为祖母买皮袄，极好极好！可以补吾之过矣。

观四弟来信甚详，其发奋自励之志溢于行间，然必欲找馆出外，此何意也？不过谓家塾离家太近，容易耽搁，不如出外较清净耳。然出外从师，则无甚耽搁；若出外教书，其耽搁更甚于家塾矣。且苟能发奋自立，则家塾可读书，即旷野之地，热闹之场，亦可读书，负薪牧豕，皆可读书；苟不能发奋自立，则家塾不宜读书，即清净之乡，神仙之境，皆不能读书，何必择地？何必择时？但自问立志之真不真耳！

六弟自怨数奇，余亦深以为然。然屈于小试辄发牢骚，吾窃笑其志之小，而所忧之不大也。君子之立志也，有民胞物与之量，有内圣外王之业，而后不忝于父母之所生，不愧为天地之完人。故其为忧也，以不如舜、不如周公为忧也，以德不修、学不讲为忧也。是故顽民梗化则忧之，蛮夷猾夏则忧之，小人在位、贤才否闭则忧之，匹夫匹妇不被己泽则忧之，所谓悲天命而悯人穷，此君子之所忧也。若夫一身之屈伸，一家之饥饱，世俗之荣辱得失、贵贱毁誉，君子固不暇忧及此也。六弟屈于小试，自称数奇，余窃笑其所忧之不大也。

盖人不读书则已，亦既自名曰"读书人"，则必从事于《大学》。《大学》之纲领有三：明德、新民、止至善，皆我分内事也。若读书不能体贴到身上去，谓此三项与我身了不相涉，则读书何用？虽使能文能诗，博雅自诩，亦只算得识字之牧猪奴耳！岂得谓之明理有用之人也乎？朝廷以制艺取士，亦谓其能代圣贤立言，必能明圣贤之理，行圣贤之行，可以居官莅民、整躬率物也。若以明德、新民为分外事，则虽能文能诗，而于修己治人之道实茫然不讲，朝廷用此等人作官，与用牧猪奴作官何以异哉？然则既自名为"读书人"，则《大学》之纲领皆己身切要之事，明矣。其条目有八，自我观之，其致功之处，则仅二者而已：曰格物，曰诚意。

格物，致知之事也；诚意，力行之事也。物者何？即所谓本末之物也。身、心、意、知、家、国、天下，皆物也；天地万物，皆物也；日用常行之事，皆物也。格者，即物而穷其理也。如事亲定省，物也；究其所以当定省之理，即格物也。事兄随行，物也；究其所以当随行之理，即格物也。吾心，物也；究其存心之理，又博究其省察涵养以存心之理，即格物也。吾身，物也；究其敬身之理，又博究其立齐坐尸以敬身之理，即格物也。每日所看之书，句句皆物也；切己体察，穷究其理，即格物也。此致知之事也。所谓诚意者，即其所知而力行之，是不欺也。知一句便行一句，此力行之事也。此二者并进，下学在此，上达亦在此。

吾友吴竹如，格物工夫颇深，一事一物皆求其理。倭艮峰先生则诚意工夫极严，每日有日课册，一日之中一念之差，一事之失，一言一默，皆笔之于书。书皆楷字，三月则订一本。自乙未年起，今三十本矣。盖其慎独之严，虽妄念偶动，必即时克治，而著之于书，故所读之书，句句皆切身之要药，兹将艮峰先生日课钞三页付归与诸弟看。余自十月初一日起，亦照艮峰样，每日一念一事，皆写之于册，以便触目克治，亦写楷书。冯树堂与余同日记起，亦有日课册。树堂极为虚心，爱我如兄，敬我如师，将来必有所成。

余向来有无恒之弊，自此次写日课本子起，可保终身有恒矣。盖明师益友，重重夹持，能进不能退也。本欲钞余日课册付诸弟阅，因今日镜海先生来，要将本子带回去，故不及钞。十一月有折差，准钞几页付回也。

余之益友，如倭艮峰之瑟僩，令人对之肃然；吴竹如、窦兰泉之精义，一言一事，必求至是；吴子序、邵蕙西之谈经，深思明辨；何子贞之谈字，其精妙处，无一不合，其谈诗尤最符契。子贞深喜吾诗，故吾自十月来已作诗十八首，兹钞二页，付回与诸弟阅。冯树堂、陈岱云之立志，汲汲不遑，亦良友也。镜海先生，吾虽未尝执贽请业，而心已师之矣。

吾每作书与诸弟，不觉其言之长，想诸弟或厌烦难看矣。然诸弟苟有长信与我,我实乐之,如获至宝,人固各有性情也。

余自十月初一日起记日课,念念欲改过自新。思从前与小珊有隙,实是一朝之忿,不近人情,即欲登门谢罪。恰好初九日小珊来拜寿,是夜余即至小珊家久谈,十三日与岱云合伙请小珊吃饭,从此欢笑如初,前隙尽释矣。

金竺虔报满用知县,现住小珊家,喉痛月余,现已全好。李笔峰在汤家如故。易莲舫要出门就馆,现亦甚用功,亦学倭艮峰者也。同乡李石梧已升陕西巡抚。两大将军皆锁拿解京治罪,拟斩监候。

英夷之事,业已和抚,去银二千一百万两,又各处让他码头五处。现在英夷已全退矣。两江总督牛鉴,亦锁解刑部治罪。近事大略如此,容再续书。

兄国藩手具

道光二十二年十月二十六日

致诸弟·吾人只有进德、修业两事靠得住

四位老弟左右:

昨二十七日接信,快畅之至,以信多而处处详明也。

四弟七夕诗甚佳,已详批诗后。从此多作诗亦甚好,但须有志有恒,乃有成就耳。予于诗亦有工夫,恨当世无韩昌黎及苏、黄一辈人可与发吾狂言者。但人事太多,故不常作诗,用心思索,则无时敢忘之耳。

吾人只有进德、修业两事靠得住。进德，则孝弟仁义是也；修业，则诗文作字是也。此二者由我作主，得尺则我之尺也，得寸则我之寸也。今日进一分德，便算积了一升谷；明日修一分业，又算余了一文钱。德业并增，则家私日起。至于功名富贵，悉由命定，丝毫不能自主。昔某官有一门生为本省学政，托以两孙，当面拜为门生。后其两孙岁考临场大病，科考丁艰，竟不入学。数年后，两孙乃皆入，其长者仍得两榜。此可见早迟之际，时刻皆有前定，尽其在我，听其在天，万不可稍生妄想。六弟天分较诸弟更高，今年受黜，未免愤怨，然及此正可困心横虑，大加卧薪尝胆之功，切不可因愤废学。

九弟劝我治家之法，甚有道理，喜甚慰甚。自荆七遣去之后，家中亦甚整齐，问率五归家便知。《书》曰："非知之艰，行之维艰。"九弟所言之理，亦我所深知者，但不能庄严威厉，使人望若神明耳。自此后，当以九弟言书诸绅而刻刻警省。

季弟信天性笃厚，诚如四弟所云"乐何如之"。求我示读书之法及进德之道，另纸开示，余不具。

国藩手草

道光二十四年八月二十九日

致诸弟·人苟能自立志，则圣贤豪杰何事不可为

四位老弟足下：

自七月发信后，未接诸弟信，乡间寄信较省城百倍之难，故

予亦不望也。

九弟前信有意与刘霞仙同伴读书，此意甚佳。霞仙近来读朱子书，大有所见，不知其言语容止、规模气象何如？若果言动有礼，威仪可则，则直以为师可也，岂特友之哉？然与之同居，亦须真能取益乃佳，无徒浮慕虚名。人苟能自立志，则圣贤豪杰何事不可为？何必借助于人？"我欲仁，斯仁至矣。"我欲为孔孟，则日夜孜孜，唯孔孟之是学，人谁得而御我哉？若自己不立志，则虽日与尧、舜、禹、汤同住，亦彼自彼，我自我矣，何与于我哉？去年温甫欲读书省城，吾以为离却家门局促之地而与省城诸胜己者处，其长进当不可限量。乃两年以来，看书亦不甚多；至于诗文，则绝无长进，是不得归咎于地方之局促也。去年予为择师丁君叙忠，后以丁君处太远，不能从，予意中遂无他师可从。今年弟自择罗罗山改文，而嗣后杳无信息，是又不得归咎于无良友也。日月逝矣，再过数年则满三十，不能不趁三十以前立志猛进也。

予受父教，而予不能教弟成名，此予所深愧者。他人与予交，多有受予益者，而独诸弟不能受予之益，此又予所深恨者也。今寄霞仙信一封，诸弟可钞存信稿而细玩之。此予数年来学思之力，略具大端。

六弟前嘱予将所作诗录寄回。予往年皆未存稿，近年存稿者不过百余首耳，实无暇钞写，待明年将全本付回可也。

国藩草

道光二十四年九月十九日

致诸弟·事事勤思善问

四位老弟足下：

去年十二月二十二日寄去书函，谅已收到。顷接四弟信，谓前信小注中误写二字，其诗比即付还，今亦忘其所误谓何矣。

诸弟写信，总云仓忙。六弟去年曾言城南寄信之难，每次至抚院赍奏厅打听云云，是何其蠢也！静坐书院三百六十日，日日皆可写信，何必打听折差行期而后动笔哉？或送至提塘，或送至岱云家，皆万无一失，何必问了无关涉之赍奏厅哉？若弟等仓忙，则兄之仓忙殆过十倍，将终岁无一字寄家矣。

送王五诗第二首，弟不能解，数千里致书来问，此极虚心，余得信甚喜。若事事勤思善问，何患不一日千里？兹另纸写明寄回。家塾读书，余明知非诸弟所甚愿，然近处实无名师可从。省城如陈尧农、罗罗山皆可谓明师，而六弟、九弟又不善求益，且住省二年，诗文与字皆无大长进。如今我虽欲再言，堂上大人亦必不肯听。不如安分耐烦，寂处里闾，无师无友，挺然特立，作第一等人物，此则我之所期于诸弟者也。昔婺源汪双池先生，一贫如洗，三十以前在窑上为人佣工画碗，三十以后读书，训蒙到老，终身不应科举，卒著书百余卷，为本朝有数名儒。彼何尝有师友哉？又何尝出里闾哉？余所望于诸弟者，如是而已，然总不出乎"立志有恒"四字之外也。

买笔付回，刻下实无妙便，须公车归乃可带回。大约府试院试可得到，县试则赶不到也。诸弟在家作文，若能按月付至京，则余请树堂看。随到随改，不过两月，家中又可收到。书不详尽，余俟续具。

兄国藩手草
道光二十五年己巳二月初一日

致诸弟·凡人一身，只有"迁善改过"四字可靠

澄侯、温甫、子植、季洪四位老弟足下：

七月初六日接澄弟四月二十六信，五月初一、初八、二十三各信，具悉一切。植弟、洪弟各信亦俱收到。洪弟之书已至，六月初二所发者亦到。澄弟回家，至此始算放心。

樊城河内泡沙如此可怖，闻之心悸。余戊戌年九月下旬在樊城河半夜忽遭大风，帆散缆断，濒于危殆，后亦许观音戏，至今犹有余惊。以后我家出行者，万不可再走樊城河，戒之，记之！敬告子孙可也。

彭山屺苦况如此，良为可怜。一月内外当更求一书以苏涸鲋，但不知有济否耳？此等人谋，亦须其人气运有以承之，如谢博泉之事即鲜实效。若使南翁在彼，当稍有起色。

凌获舟之银，虽周小楼与获舟之子私相授受，以欺紫嫂，而获子又当受小楼之欺，终吞于周氏之腹而后已。余处现尚存凌银将二百金，拟今年当全寄去。澄弟既将此中消息与孙筱石道破，则此后一概交孙，万无一失。刘午峰曾言赙赠百金，不知今岁可

收到否？予今年还凌银须二百，又须另筹二百五十金寄家，颇为枯窘。今年光景大不如去年，然后知澄弟福星来临，有益于人不浅也。其二百五十金，望澄弟在家中兑与捐职者及进京会试者，总在今冬明春归款，不致有误，但不可以更多耳。

父大人至县城两次，数日之经营，为我邑造无穷之福泽，上而邑长生感，下而百姓歌颂，此诚盛德之事。但乡民可与谋始，难与乐成，恐历时稍久，不能人人踊跃输将，亦未必奏效无滞。我家倡议，风示一邑，但期鼓舞风声，而不必总揽全局，庶可进可退，绰绰余裕耳。

朱明府之得民心，予已托人致书上游，属其久留我邑。若因办饷得手，而遂爱民勤政，除盗息讼，则我邑之受赐多矣。社仓之法，有借无还，今日风俗诚然如此。澄弟所见，良为洞悉时变之言，此事竟不可议举行矣。王介甫青苗之法，所以病民者，亦以其轻于借而艰于还也。

季弟书中言，每思留心于言行之差错，以时时儆惕。予观此语，欣慰之至。凡人一身，只有"迁善改过"四字可靠；凡人一家，只有"修德读书"四字可靠。此八字者，能尽一分，必有一分之庆；不尽一分，必有一分之殃。其或休咎相反，必其中有不诚，而所谓改过修德者，不足以质诸鬼神也。吾与诸弟勉之又勉，务求有为善之实，不使我家高曾祖父之积累自我兄弟而剥丧，此则予家之幸也。

予癣疾上身全好，自腰下略有未净，精神较前三年竟好得几分，亦为人子者仰慰亲心之一端。宅内大小上下俱平安。

同乡周子佩丁忧，予送银八两，挽联一付。杜兰溪放山西差。漱六又不得差，颇难为情。写作俱佳，而不可恃如此。曹西垣请分发，将于月半之官皖中。李笔峰完娶之后，光景奇窘。同乡各家，大半拮据。

纪泽近日诗论又稍长进。书不十一，顺候近佳，余俟续具。

兄国藩手草

咸丰元年七月初八日

致诸弟·务本而不习于淫佚

澄侯、温甫、子植、季洪四位老弟左右：

十四日刘一、名四来，安五来，先后接到父大人手谕及洪弟信，具悉一切。

靖江之贼现已全数开去，窜奔下游，湘阴及洞庭皆已无贼，直至岳州以下矣。新墙一带土匪皆已扑灭，唯通城、崇阳之贼尚未剿净，时时有窥伺平江之意。湘潭之贼，在一宿河以上被烧上岸者，窜至醴陵、萍乡、万载一带，闻又裹胁多人，不知其尽窜江西，抑仍回湖南浏、平一带。如其回来，亦易剿也。安化土匪现尚未剿尽，想日内可平定。

吾于三月十八发岳州战败请交部治罪一折，于四月初十日奉到朱批"另有旨"。又夹片奏初五日邹国螭被火烧伤、初七大风坏船一案，奉朱批"何事机不顺若是，另有旨"。又夹片奏探听贼情各条，奉朱批"览，其片已存留军机处矣"。又有廷寄一道，谕旨一道，兹钞录付回。十二日会同抚台、提台奏湘潭、宁乡、靖江各处胜仗败仗一折，兹钞付回，其折系左季高所为。又单衔奏靖江战败请交部从重治罪一折，又奏调各员一片，均于十二日发六百里递去，兹钞录寄家，呈父、叔大人一阅。兄不善用兵，屡失事机，实无以对圣主，幸湘潭大胜，保全桑梓，此心犹觉稍安。现拟修整船只，添招练勇，待广西勇到，广东兵到，再作出师之计。而饷项已空，无从设法，艰难之状，不知所终。人心之坏，又处处使人寒心。吾唯尽一分心，作一日事，至于成败，则不能复计较矣。

魏荫亭近回馆否？澄弟须力求其来。吾家子侄半耕半读，以守先人之旧，慎无存半点官气。不许坐轿，不许唤人取水添茶等事。其拾柴收粪等事须一一为之，插田莳禾等事亦时时学之，庶渐渐务本而不习于淫佚矣。至要至要，千嘱万嘱。

咸丰四年四月十四日

致诸弟·宜令勤慎，无作欠伸懒漫样子

澄侯、温甫、子植、季洪老弟足下：

父大人自县还家后，又接一信，知合家清吉，甚慰甚慰。

此间发探卒数十人至常德、龙阳探听，均言常德已于十六日失守。省局及各处探信众口一词，而桃源二十三日尚有请兵禀帖来省。桃源去常六十里，不应郡城失陷一无所闻，大约常德此时尚未失守。现已遣周凤山带道州新田勇一千六百前往，李辅朝带楚勇一千、胡咏芝带黔勇六百、新宁赵令带楚勇千人驰往，合之贵州兵一千，并常德本城二千，共六七千之多，兵力实不为单。

唯中隔河水四渡，不知各兵能过至常否？

澧州西接荆州之贼，南接常德之贼，而蒋家之富久为贼所垂涎，实属可危。塔提军于二十二日在新墙打一胜仗，夺获贼船四十七只，夺得木城一座。现驻新墙之北，离岳州尚五十里。通城之贼，与江老四之楚勇相持月余。林秀三因声名不好，撤回省城。自通城、平江之官绅庶民及省城之官员，无不说秀三坏话者。毁誉之至，如飘风然，蓬蓬然起于北海，蓬蓬然入于南海，而不知其所自，人力固莫能挽回也。

水师战船，省河所修葺及衡城所新造者，皆精坚可爱，比去年者好得三倍。拟于初十间令褚、夏、杨、彭起行赴常德剿办，是为头帮；余待广西水勇到一同起行，为二帮；陈镇台七月初起行，为三帮。现在发往各处者兵勇共二万人，饷项十分支绌，幸广东解银十二万，近日可到，略有生机。罗罗山初三可到省。芝生之信，罗山一到即交，当可速耳。

儿侄辈总须教之读书，凡事当有收拾。宜令勤慎，无作欠伸懒漫样子，至要至要。吾兄弟中唯澄弟较勤，吾近日亦勉为勤敬。即令世运艰屯，而一家之中勤则兴，懒则败，一定之理，愿吾弟及儿侄等听之省之。

付回参茸丸一坛，即颜翼臣、王仲山所作者。父大人能服更好，若不相宜，叔父及家中相宜者服之可也。

咸丰四年六月初二日

致诸弟·总宜以勤敬二字为法

澄侯、温甫、子植、季洪四位老弟左右：

自十六日水师大败，十八日陆营获胜，吾两寄家书，想已收到。

十九、二十皆平安。二十一日陆军开仗，辰勇深入，误中贼伏，诸殿元阵亡，带新化勇之刘国庆亦阵亡，辰勇、新化勇、宝勇相继奔溃，塔军门坐马扎子镇住，独不奔回，身旁仅数十人。杨名声带宜章勇前往救援，喝令各营倒回，仍前进杀贼，始得保全。智亭又追贼数里，杀毙数十名。我军伤亡者亦仅数十人。下半天，水师至陈陵矶开仗，去三板艇二十余只，二更尚未归营，不知胜负若何。

下游贼势浩大，合武昌、汉口之贼尽锐上犯。水师太单，恐难得力。吾唯静镇谨守，以固军心而作士气。

初六、十四胜仗一折，十六、十八胜败互报一折，兹专人送归，呈父、叔大人一阅。

家中兄弟子侄，总宜以勤敬二字为法。一家能勤能敬，虽乱世亦有兴旺气象；一身能勤能敬，虽愚人亦有贤智风味。吾生平于此二字少工夫，今谆谆以训吾昆弟子侄，务宜刻刻遵守，至要至要。家中若送信来，子侄辈亦可写禀来岳，并将此二字细细领会，层层写出，使我放心也。余俟续布。

水师顷已于三更回营，完好无恙。辰勇闻止伤十余人，阵亡者系一刘千总，带道标勇者，非刘国庆也。

咸丰四年七月二十一日

致诸弟·以习劳苦为第一要义

澄侯、温甫、子植、季洪老弟足下：

十四日良五、彭四回家，寄去一信，谅已收到。

嗣罗山于十六日回剿武汉，霞仙亦即同去。近接武昌信息，知李鹤人于八月初二日败挫，金口陆营被贼蹂毁。胡润芝中丞于初八日被贼蹂破夆山陆营，南北两岸陆军皆溃，势已万不可支。幸水师尚足自立，杨、彭屯扎沌口。计罗山一军可于九月初旬抵鄂，或者尚有转机。即鄂事难遽旋转，而罗与杨、彭水陆依护，防御于岳鄂之间，亦必可固湘省北路之藩篱也。内湖水师，自初八日以后迄未开仗，日日操演。次青尚扎湖口，周凤山尚扎九江，俱属安谧。

葛十一于初八日在湖口阵亡，现在寻购尸首，尚未觅得，已奏请照千总例赐恤。将来若购得尸骸，当为之送柩回里，如不可觅，亦必酿金寄恤其家。此君今年大病数月，甫经痊愈，尚未复元，即行出队开仗。人劝之勿出，坚不肯听，卒以力战捐躯，良可伤悯，可先告知其家也。

去年腊月二十五夜之役，盐印官潘兆奎与文生葛荣册同坐一船，均报阵亡，已人奏请恤矣。顷潘兆奎竟回江西，云是夜遇渔舟捞救得生，则葛元五或尚未死，亦未可知。不知其家中有音耗否？

癣疾稍愈，今年七、八两月最甚。诸事废弛，余俟续布，顺问近好。

甲三、甲五等兄弟，总以习劳苦为第一要义。牛当乱世，居家之道，不可有余财，多财则终为患害。又不可过于安逸偷惰，如由新宅至老宅，必宜常常走路，不可坐轿骑马。又常常登山，亦可以练习筋骸。仕宦之家，不蓄积银钱，使子弟自觉一无可恃，一日不勤则将有饥寒之患，则子弟渐渐勤劳，知谋所以自立矣。

再，父亲大人于初九日大寿，此信到日，恐已在十二以后。余二十年来仅在家拜寿一次。游子远离，日月如梭，喜惧之怀，寸心惴惴。又十一月初三日为母亲大人七旬晋一冥寿，欲设为道场，殊非儒者事亲之道；欲开筵觞客，又乏哀痛未忘之意。兹幸沅弟得进一阶，母亲必含笑于九原。优贡匾额，可于初三日悬挂。祭礼须极丰腆，以祭余宴客可也。

昨接上谕，补兵部右侍郎缺。二十九年八月曾署理一次，日内当具折谢恩。

澄侯弟在县何日归家？办理外事，实不易易，徒讨烦恼。诸弟在家，吾意以不干预县府公事为妥，望细心察之。即问近好。

咸丰五年八月二十七日

书于南康军中

致九弟·人而无恒，终身一无所成

沅甫九弟左右：

十二日正七、有十归，接弟信，备悉一切。定湘营既至三曲滩，其营官成章鉴亦武弁中之不可多得者，弟可与之款接。

来书谓意趣不在此，则兴会索然，此却大不可。凡人作一事，便须全副精神注在此一事，首尾不懈，不可见异思迁，做这样想那样，坐这山望那山。人而无恒，终身一无所成。我生平坐犯无恒的弊病，实在受害不小。当翰林时，应留心诗字，则好涉猎他书，以纷其志；读性理书时，则杂以诗文各集，以歧其趋；在六部时，又不甚实力讲求公事；在外带兵，又不能竭力专治军事，或读书写字以乱其志意。坐是垂老而百无一成。即水军一事，亦掘井九仞而不及泉。弟当以为鉴戒。现在带勇，即埋头尽力以求带勇之法，早夜孳孳，日所思，夜所梦，舍带勇以外则一概不管。不可又想读书，又想中举，又想作州县，纷纷扰扰，千头万绪，将来又蹈我之覆辙，百无一成，悔之晚矣。

带勇之法，以体察人才为第一，整顿营规、讲求战守次之。《得胜歌》中各条，一一皆宜详求。至于口粮一事，不宜过于忧虑，不可时常发禀。弟营既得楚局每月六千，又得江局每月二三千，便是极好境遇。李希庵十二来家，言迪庵意欲帮弟饷万金。又余有浙盐赢余万五千两在江省，昨盐局专丁前来禀询，余嘱其解交藩库充饷。将来此款或可酌解弟营，但弟不宜指请耳。

饷项既不劳心，全副精神请求前者数事，行有余力则联络各营，款接绅士。身体虽弱，却不宜过于爱惜。精神愈用则愈出，阳气愈提则愈盛。每日作事愈多，则夜间临睡愈快活。若存一爱惜精神的意思，将前将却，奄奄无气，决难成事。凡此皆因弟兴会索然之言而切戒之者也。弟宜以李迪庵为法，不慌不忙，盈科后进，到八九个月后，必有一番回甘滋味出来。余生平坐无恒，流弊极大，今老矣，不能不诚教吾弟吾子。

邓先生品学极好，甲三八股文有长进，亦山先生亦请邓改文。亦山教书严肃，学生甚为畏惮。吾家戏言戏动积习，明年当与两先生尽改之。

下游镇江、瓜洲同日克复，金陵指日可克。厚庵放闽中提督，已赴金陵会剿，准其专折奏事。九江亦即日可复。大约军事在吉安、抚、建等府结局，贤弟勉之。吾为其始，弟善其终，实有厚望。若稍参以客气，将以敦志，则不能为我增气也。营中哨队诸人，气尚完固否？下次祈书及。

咸丰七年十二月十四日

致九弟·将笃实复还，万不可走入机巧一路

沅甫九弟左右：

十二月二十八日接弟二十一日手书，欣悉一切。

临江已复，吉安之克实意中事。克吉之后，弟或带中营围攻抚州，听候江抚调度；或率师随迪庵北剿皖省，均无不可。届时再行相机商酌。此事我为其始，弟善其终，补我之阙，成父之志，是在贤弟竭力而行之，无为遽怀归志也。

弟书自谓是笃实一路人。我自信亦笃实人，只为阅历世途，饱更事变，略参些机权作用，把自家学坏了。实则作用万不如人，徒惹人笑，教人怀憾，何益之有？

近月忧居猛省，一味向平实处用心，将自家笃实的本质，还我真面，复我固有。贤弟此刻在外，亦急须将笃实复还，万不可走入机巧一路，日趋日下也。纵人以巧诈来，我仍以浑含应之，

以诚愚应之，久之，则人之意也消。若钩心斗角，相迎相距，则报复无已时耳。

至于强毅之气，决不可无，然强毅与刚愎有别。古语云：自胜之谓强。曰强制，曰强恕，曰强为善，皆自胜之义也。如不惯早起，而强之未明即起；不惯庄敬，而强之坐尸立斋；不惯劳苦，而强之与士卒同甘苦，强之勤劳不倦，是即强也。不惯有恒，而强之贞恒，即毅也。舍此而求以客气胜人，是刚愎而已矣。二者相似，而其流相去霄壤，不可不察，不可不谨。

李云麟气强识高，诚为伟器，微嫌辩论过易。弟可令其即日来家，与兄畅叙一切。

兄身体如常，唯中怀郁郁，恒不甚舒畅，夜间多不甚寐，拟请刘镜湖三爷来此一为诊视。闻弟到营后，体气大好，极慰极慰。

刘詹严先生绎得一见否？为我极道歉忱。黄莘翁之家属近状何如？苟有可为力之处，弟为我多方照拂之。渠为劝捐之事怄气不少，吃亏颇多也。母亲之坟，今年当觅一善地改葬，唯兄脚力太弱，而地师又无一可信者，难以下手耳。余不一一。

再，带勇总以能打仗为第一义。现在久顿坚城之下，无仗可打，亦是闷事。如可移扎水东，当有一二大仗开。第弟营之勇锐气有余，沉毅不足，气浮而不敛，兵家之所忌也，尚祈细察。偶作一对联箴弟云：

打仗不慌不忙，先求稳当，次求变化；

办事无声无臭，既要精到，又要简捷。

贤弟若能行此数语，则为阿兄争气多矣。

咸丰八年戊午正月初四日

致九弟·古来言凶德致败者约有二端

沅甫九弟左右：

初三日刘福一等归，接来信，藉悉一切。

城贼围困已久，计不久亦可攻克。唯严断文报是第一要义，弟当以身先之。家中四宅平安。余身体不适，初二日住白玉堂，夜不成寐。温弟何日至吉安？

古来言凶德致败者约有二端：曰长傲，曰多言。丹朱之不肖，曰傲，曰嚚讼，即多言也。历观名公巨卿，多以此二端败家丧身。

余生平颇病执拗，德之傲也；不甚多言，而笔下亦略近乎嚚讼。静中默省愆尤，我之处处获戾，其源不外此二者。温弟性格略与我相似，而发言尤为尖刻。

凡傲之凌物，不必定以言语加人，有以神气凌之者矣，有以面色凌之者矣。温弟之神气，稍有英发之姿，面色间有蛮狠之象，最易凌人。凡中心不可有所恃，心有所恃则达于面貌。

以门地言，我之物望大减，方且恐为子弟之累；以才识言，近今军中炼出人才颇多，弟等亦无过人之处，皆不可恃。只宜抑然自下，一味言忠信，行笃敬，庶几可以遮护旧失，整顿新气，否则人皆厌薄之矣。

沅弟持躬涉世，差为妥叶。温弟则谈笑讥讽，要强充老手，犹不免有旧习，不可不猛省，不可不痛改。

余在军多年，岂无一节可取？只因傲之一字，百无一成，故谆谆教诸弟以为戒也。

咸丰八年三月初六日

致诸弟·力戒傲惰

沅弟、季弟左右：

恒营专人来，接弟各一信并季所寄干鱼，喜慰之至。不见此物，两弟各寄一次，从此山人足鱼矣。

沅弟以我切责之缄，痛自引咎，惧蹈危机而思自进于谨言慎行之路，能如是，是弟终身载福之道，而吾家之幸也。季弟信亦平和温雅，远胜往年傲岸气象。

吾于道光十九年十一月初二日进京散馆，十月二十八早侍祖父星冈公于阶前，请曰："此次进京，求公教训。"星冈公曰："尔的官是做不尽的，尔的才是好的，但不可傲。满招损，谦受益，尔若不傲，更好全了。"遗训不远，至今尚如耳提面命。吾仅述此语告诫两弟，总以除傲字为第一义。

唐虞之恶人曰丹朱，傲，曰象，傲；桀纣之无道，曰"强足以拒谏，辨足以饰非"，曰"谓已有天命，谓敬不足行"，皆傲也。吾自八年六月再出，即力戒惰字，以傲无恒之弊，近来又力戒傲字。

昨日徽州未败之前，次青心中不免有自是之见，既败之后，余益加猛省。大约军事之败，非傲即惰，二者必居其一；巨室之败，非傲即惰，二者必居其一。

　　余于初六日所发之折，十月初可奉谕旨。余若奉旨派出，十日即须成行。兄弟远别，未知相见何日？唯愿两弟戒此二字，并戒各后辈常守家规，则余心大慰耳。

咸丰十年九月二十四日

致四弟·天地间唯谦谨是载福之道

澄侯四弟左右：

　　腊底由九弟处寄到弟信，具悉一切。弟于世事阅历渐深，而信中不免有一种骄气。天地间唯谦谨是载福之道，骄则满，满则倾矣。凡动口动笔，厌人之俗，嫌人之鄙，议人之短，发人之覆，皆骄也。无论所指未必果当，即使一一切当，已为天道所不许。吾家子弟满腔骄傲之气，开口便道人短长，笑人鄙陋，均非好气象。贤弟欲戒子侄之骄，先须将自己好议人短、好发人覆之习气痛改一番，然后令后辈事事警改。欲去骄字，总以不轻非笑人为第一义；欲去惰字，总以不晏起为第一义。弟若能谨守星冈公之八字（考、宝、早、扫、书、蔬、鱼、猪），三不信（不信僧巫，不信医药，不信地仙），又谨记愚兄之去骄去惰，则家中子弟日趋于恭谨而不自觉矣。

咸丰十一年正月初四日

致四弟·戒骄字以不轻非笑人为第一义，
戒惰字以不晏起为第一义

澄侯四弟左右：

弟言家中子弟无不谦者，此却未然。凡畏人不敢妄议论者，谦谨者也；凡好讥评人短者，骄傲者也。谚云："富家子弟多骄，贵家子弟多傲。"非必锦衣玉食，动手打人，而后谓之骄傲也，但使志得意满，毫无畏忌，开口议人短长，即是极骄极傲耳。

予正月初四信中言戒骄字，以不轻非笑人为第一义；戒惰字，以不晏起为第一义。望弟常常猛省，并戒子侄也。

咸丰十一年二月初四日

致诸弟·余之八本、三致祥

澄、沅、季弟左右：

余于初二日自祁门起行至渔亭，初三日至休宁，初四派各营进攻徽州。所有祁门、渔亭之营，皆派七八成队来此，老营空虚。闻景德镇一军溃散，左京堂亦被围困，不知能守住营盘否？景镇既失，祁、黟、休三县之米粮接济已断。若能打开徽州，尚可通浙江米粮之路；若不能打开徽州，则四面围困，军心必涣，殊恐难支。

余近年在外勤谨和平，差免愆尤，唯军事总无起色。自去冬至今，无日不在危机骇浪之中。所欲常常告诫诸弟与子侄者，唯星冈公之八字、三不信及余之八本、三致祥而已。八字曰"考、宝、早、扫，书、蔬、鱼、猪"也。三不信曰"医药也，地仙也，僧巫也"。八本曰"读书以训诂为本，作诗文以声调为本，事亲以得欢心为本，养生以少恼怒为本，立身以不妄言为本，居家以不晏起为本，做官以不爱钱为本，行军以不扰民为本"。三致祥曰"孝致祥，勤致祥，恕致祥"。兹因军事日危，旦夕不测，又与诸弟重言以申明之。

家中无论老少男妇，总以习勤劳为第一义，谦谨为第二义。劳则不佚，谦则不傲，万善皆从此生矣。此次家信，专人送安庆后再送家中，因景镇路梗故也。

咸丰十一年三月初四日

致诸弟·无人不由自立自强做出

沅弟、季弟左右：

沅于人概、天概之说不甚厝意，而言及势利之天下，强凌弱之天下，此岂自今日始哉？盖从古已然矣。

从古帝王将相，无人不由自立自强做出，即为圣贤者，亦各有自立自强之道，故能独立不惧，确乎不拔。昔余往年在京，好与诸有大名大位者为仇，亦未始无挺然特立、不畏强御之意。

近来见得天地之道，刚柔互用，不可偏废，太柔则靡，太刚则折。刚非暴虐之谓也，强矫而已；柔非卑弱之谓也，谦退而已。趋事赴公，则当强矫；争名逐利，则当谦退。开创家业，则当强矫；守成安乐，则当谦退。出与人物应接，则当强矫；入与妻孥享受，则当谦退。若一面建功立业，外享大名，一面求田问舍，内图厚实，二者皆有盈满之象，全无谦退之意，则断不能久。此予所深信，而弟宜默默体验者也。

同治元年五月二十八日

致九弟·倔强二字不可少

沅弟左右：

十九日接弟十四日缄，交林哨官带回者，具悉一切。

肝气发时，不唯不和平，并不恐惧，确有此境。不特弟之盛年为然，即余渐衰老，亦常有勃不可遏之候，但强自禁制，降伏此心，释氏所谓降龙伏虎，龙即相火也，虎即肝气也。多少英雄豪杰打此两关不过，亦不仅余与弟为然。要在稍稍遏抑，不令过炽，降龙以养水，伏虎以养火。古圣所谓窒欲，即降龙也；所谓惩忿，即伏虎也。儒释之道不同，而其节制血气未尝不同，总不使吾之嗜欲戕害吾之躯命而已。

至于倔强二字，却不可少。功业文章，皆须有此二字贯注其中，否则柔靡不能成一事。孟子所谓至刚，孔子所谓贞固，皆从倔强二字做出。吾兄弟皆禀母德居多，其好处亦正在倔强。若能去忿欲以养体，存倔强以励志，则日进无疆矣。

同治二年正月二十日

致九弟·领得恬淡冲融之趣

沅弟左右：

弟读邵子诗，领得恬淡冲融之趣，此是襟怀长进处。自古圣贤豪杰，文人才士，其志事不同，而其豁达光明之胸大略相同。以诗言之，必先有豁达光明之识，而后有恬淡冲融之趣。如李白、韩退之、杜牧之则豁达处多，陶渊明、孟浩然、白香山则冲淡处多，杜、苏二公无美不备，而杜之五律最冲淡，苏之七古最豁达。邵尧夫虽非诗之正宗，而豁达、冲淡二者兼全。吾好读《庄子》，以其豁达足益人胸襟也。去年所讲"生而美者，若知之，若不知之，若闻之，若不闻之"一段，最为豁达。推之即"舜、禹之有天下而不与"，亦同此襟怀也。

吾辈现办军务，系处功利场中，宜刻刻勤劳，如农之力穑，如贾之趋利，如篙工之上滩，早作夜思，以求有济。而治事之外，此中却须有一段豁达冲融气象，二者并进，则勤劳而以恬淡出之，最有意味。余所以令刻"劳谦君子"印章与弟者，此也。

少荃已克复太仓州，若再克昆山，则苏州可图矣。吾但能保沿江最要之城隘，则大局必日振也。

同治二年三月二十四日

致九弟·富贵功名皆人世浮荣，
唯胸次浩大是真正受用

沅弟左右：

天保城以无意得之，大慰大慰。此与十一年安庆北门外两小垒相似，若再得宝塔梁子，则火候到矣。

弟近来气象极好，胸襟必能自养其淡定之天，而后发于外者，有一段和平虚明之味。

如去岁初奉不必专折奏事之谕，毫无怫郁之怀，近两月信于请饷、请药毫无激迫之辞，此次于莘田、芝圃外家渣滓悉化，皆由胸襟广大之效验，可喜可敬。如金陵果克，于广大中再加一段谦退工夫，则萧然无与，人神同钦矣。富贵功名皆人世浮荣，唯胸次浩大是真正受用。余近年专在此处下功夫，愿与我弟交勉之。

闻家中内外大小及姊妹亲族无一不和睦整齐，皆弟连年筹画之功。愿弟出以广大之胸，再进以俭约之诚，则尽善矣。

同治三年正月二十六日

致九弟·虚心实力勤苦谨慎八字，尽其在我者而已

沅弟左右：

句容克复，从此城贼冲出益无停足之地，当不至贻患他方，至以为慰。

弟增十六小垒，开数处地道，自因急求奏功，多方谋之。闻杭城克复之信，想弟亦增焦灼，求效之心尤迫于星火。唯此等大事，实有天意与国运为之主，特非吾辈所能为力，所能自主者。"虚心、实力、勤苦、谨慎"八字，尽其在我者而已。

春霆既克句容，宜亲驻句容，专打金陵破时冲出之贼。幼丹截分厘金之事，今日具疏争之，竟决裂矣。

奉初六日寄谕，恐金陵军心不一，欲余亲往督办，盖亦深知城大合围之难。余拟复奏仍由弟一手经营。唯常常怕弟患病，弟千万保养，竟此大功。

同治三年三月十二日

致九弟·男儿自立，必须有倔强之气

沅弟左右：

接弟信，知连日辛苦异常，猛攻数日，并未收队，深为惦

念。弟向来督攻，好往来于炮子如雨之中，此次想无二致也。少荃前奏至湖州一看，仍回苏州。此次启行，不知径来金陵乎？抑先至湖州乎？古来豪杰皆以此四字为大忌，吾家祖父教人，亦以"懦弱无刚"四字为大耻。故男儿自立，必须有倔强之气。唯数万人困于坚城之下，最易暗销锐气。弟能养数万人之刚气而久不销损，此是过人之处，更宜从此加功。余启行之期，仍候弟一确信也。

同治三年六月十六日

致诸弟·不可抛荒片刻

澄弟、沅弟左右：

腊月初六日接沅弟信，知已平安到家，慰幸无已。

少荃于初六日起行，已抵苏州。余于十四日入闱写榜，是夜二更发榜，正榜二百七十三，副榜四十八，闱墨极好，为三十年来所未有，韫斋先生与副主考亦极得意，士子欢欣传诵。

韫师定于二十六日起程，平景孙编修奏请便道回浙。此间公私送程仪约各三千有奇。各营挑浚秦淮河，已浚十分之六，约年内可以竣事。

澄弟所劝大臣大儒致身之道，敬悉敬悉。唯目下精神实不如从前耳。

《鸣原堂论文》钞东坡万言书，阅之如尚有不能解者，宜写信来问。弟每次问几条，余每次批几条，兄弟论文于三千里外，亦不减对床风雨之乐。弟以不能文为此生缺憾，宜趁此家居时苦学二三年，不可抛荒片刻也。

同治三年十二月十六日

致九弟·在自修处求强

沅弟左右：

接弟信，具悉一切。弟谓命运作主，余素所深信；谓自强者每胜一筹，则余不甚深信。凡国之强，必须多得贤臣工；家之强，必须多出贤子弟。此关乎天命，不尽由人谋。至一身之强，则不外乎北宫黝、孟施舍、曾子三种。孟子之集义而慊，即曾子之自反而缩也。唯曾、孟与孔子告仲由之强，略为可久可常。此外斗智斗力之强，则有因强而大兴，亦有因强而大败。古来如李斯、曹操、董卓、杨素，其智力皆横绝一世，而其祸败亦迥异寻常。近世如陆、何、肃、陈，皆予知自雄，而俱不保其终。故吾辈在自修处求强则可，在胜人处求强则不可。若专在胜人处求强，其能强到底与否尚未可知，即使终身强横安稳，亦君子所不屑道也。

贼匪此次东窜，东军小胜二次，大胜一次；刘、潘大胜一次，小胜数次。似已大受惩创，不似上半年之猖獗。但求不窥陕、洛，即窜鄂境，或可收夹击之效。

余定于明日请续假一月，十月请开各缺，仍留军营，刻一木戳，会办中路剿匪事宜而已。

同治五年九月十二日

致九弟·好汉打脱牙和血吞

沅弟左右：

贼已回窜东路，淮、霆各军将近五万，幼荃万人尚不在内，不能与之一为交手，可憾之至！岂天心果不欲灭此贼耶？抑吾辈办贼之法实有未善耶？目下深虑黄州失守，不知府县尚可靠否？略有防兵否？山东、河南州县一味闭城坚守，乡间亦闭塞坚守，贼无火药，素不善攻，从无失守城池之事，不知湖北能开此风气否？鄂中水师不善用命，能多方激劝，扼住江、汉二水，不使偷渡否？少荃言捻逆断不南渡，余谓任逆以马为命，自不肯离淮南北，赖逆则未尝不窥伺大江以南。屡接弟调度公牍，从未议及水师，以后务祈留意。

弟自强，因引谚曰：好汉打脱牙和血吞。此二语是余平生咬牙立志之诀。余庚戌、辛亥间为京师权贵所唾骂，癸丑、甲寅为长沙所唾骂，乙卯、丙辰为江西所唾骂，以及岳州之败，靖江之败，湖口之败，盖打脱牙之时多矣，无一次不和血吞之。弟此次郭军之败，三县之失，亦颇有打脱门牙之象。来信每怪运气不好，便不似好汉声口。唯有一字不说，咬定牙根，徐图自强而已。

子美倘难整顿，恐须催南云来鄂。鄂中向有之水陆，其格格不入者，须设法笼络之，不可灰心懒漫，遽萌退志也。

余奉命克期回任，拟奏明新正赴津，替出少荃来豫，仍请另简江督。

同治五年十二月十八日

致九弟·默存一悔字，无事不可挽回也

沅弟左右：

鄂署五福堂有回禄之灾，幸人口无恙，上房无恙，受惊已不小矣。其屋系板壁纸糊，本易招火。凡遇此等事，只可说打杂人役失火，固不可疑会匪之毒谋，尤不可怪仇家之奸细。若大惊小怪，胡想乱猜，生出多少枝叶，仇家转得传播以为快。唯有处处泰然，行所无事。申甫所谓"好汉打脱牙和血吞"，星冈公所谓"有福之人善退财"，真处逆境者之良法也。

弟求兄随时训示申儆，兄自问近年得力，唯有一悔字诀。兄昔年自负本领甚大，可屈可伸，可行可藏，又每见得人家不是。自从丁巳、戊午大悔大悟之后，乃知自己全无本领，凡事都见得人家有几分是处。故自戊午至今九载，与四十岁以前迥不相同。

大约以能立能达为体，以不怨不尤为用。立者，发奋自强，站得住也；达者，办事圆融，行得通也。吾九年以来，痛戒无恒之弊，看书写字，从未间断，选将练兵，亦常留心，此皆自强能立工夫。奏疏公牍，再三斟酌，无一过当之语，自夸之词，此皆圆融能达工夫。至于怨天本有所不敢，尤人则常不能免，亦皆随时强制而克去之。弟若欲自儆惕，似可学阿兄丁、戊二年之悔，然后痛下针砭，必有大进。

立达二字，吾于己未年曾写于弟之手卷中，弟亦刻刻思自立自强，但于能达处尚欠体验，于不怨尤处尚难强制。吾信中言皆随时指点，劝弟强制也。赵广汉，本汉之贤臣，因星变而劾魏相，后乃身当其灾，可为殷鉴。默存一悔字，无事不可挽回也。

同治六年丁卯正月初二日

致九弟·亦只有逆来顺受之法

沅弟左右：

接李少帅信，知春霆因弟复奏之片言省三系与任逆接仗，霆军系与赖逆交锋，大为不平，自奏伤疾举发，请开缺调理。又以书告少帅，谓弟自占地步。弟当此百端拂逆之时，又添此至交龃龉之事，想心绪益觉难堪。

然事已如此，亦只有逆来顺受之法，仍不外悔字诀、硬字诀而已。朱子尝言：悔字如春，万物蕴蓄初发；吉字如夏，万物茂盛已极；吝字如秋，万物始落；凶字如冬，万物枯凋。又尝以元字配春，亨字配夏，利字配秋，贞字配冬。兄意贞字即硬字诀也。弟当此艰危之际，若能以硬字法冬藏之德，以悔字启春生之机，庶几可挽回一二乎？

闻左帅近日亦极谦慎。在汉口气象何如？弟曾闻其略否？申夫阅历极深，若遇危难之际，与之深谈，渠尚能于恶风骇浪之中默识把舵之道，在司道中不可多得也。

同治六年三月初二日

谕纪泽·不可贪爱奢华，不可惯习懒惰

字谕纪泽儿：

家中人来营者多称尔举止大方，余为少慰。凡人多望子孙为大官，余不愿为大官，但愿为读书明理之君子。勤俭自持，习劳习苦，可以处乐，可以处约，此君子也。余服官二十年，不敢稍染官宦气习，饮食起居尚守寒素家风，极俭也可，略丰也可，太丰则吾不敢也。凡仕宦之家，由俭入奢易，由奢返俭难。尔年尚幼，切不可贪爱奢华，不可惯习懒惰。无论大家小家，士农工商，勤苦俭约未有不兴，骄奢倦怠未有不败。尔读书写字不可间断，早晨要早起，莫坠高、曾、祖、考以来相传之家风。吾父、吾叔皆黎明即起，尔之所知也。

凡富贵功名皆有命定，半由人力半由天事。唯学作圣贤全由自己作主，不与天命相干涉。吾有志学为圣贤，少时欠居敬工夫，至今犹不免偶有戏言戏动。尔宜举止端庄，言不妄发，则入德之基也。

咸丰六年丙辰九月廿九夜，手谕，时在江西抚州门外

谕纪泽·早起也，有恒也，重也

字谕纪泽儿：

接尔十九、二十九日两禀，知喜事完毕，新妇能得尔母之欢，是即家庭之福。

我朝列圣相承，总是寅正即起，至今二百年不改。我家高、曾、祖、考相传早起，吾得见竟希公、星冈公皆未明即起，冬寒起坐约一个时辰，始见天亮。吾父竹亭公亦甫黎明即起，有事则不待黎明，每夜必起看一二次不等，此尔所及见者也。余近亦黎明即起，思有以绍先人之家风。尔既冠授室，当以早起为第一先务。自力行之，亦率新妇力行之。

余生平坐无恒之弊，万事无成。德无成，业无成，已可深耻矣。逮办理军事，自矢靡他，中间本志变化，尤无恒之大者，用为内耻。尔欲稍有成就，须从有恒二字下手。

余尝细观星冈公仪表绝人，全在一重字。余行路容止亦颇重厚，盖取法于星冈公。尔之容止甚轻，是一大弊病，以后宜时时留心。无论行坐，均须重厚。早起也，有恒也，重也，三者皆尔最要之务。早起是先人之家法，无恒是吾身之大耻，不重是尔身之短处，故特谆谆戒之。

吾前一信答尔所问者三条，一字中换笔，一"敢告马走"，一注疏得失，言之颇详，尔来禀何以并未提及？以后凡接我教尔之言，宜条条禀复，不可疏略。此外教尔之事，则详于寄寅皆先生看、读、写、作一缄中矣。此谕。

咸丰九年十月十四日

谕纪泽、纪鸿·举止要重，发言要讱

字谕纪泽、纪鸿儿：

十月二十九日接尔母及澄叔信，又棉鞋、瓜子二包，得知家中各宅平安。泽儿在汉口阻风六日，此时当已抵家。举止要重，发言要讱。尔终身须牢记此二语，无一刻可忽也。

余日内平安，鲍、张二军亦平安。左军二十二日在贵溪获胜一次，二十九日在德兴小胜一次，然贼数甚众，尚属可虑。普军在建德，贼以大股往扑，只要左、普二军站得住，则处处皆稳矣。

泽儿字天分甚高，但少刚劲之气，须用一番苦工夫，切莫把天分自弃了。家中大小，总以起早为第一义。澄叔处此次未写信，尔等禀之。

咸丰十年十一月初四日

谕纪泽·人生唯有常是第一美德

字谕纪泽：

连接尔十四、二十二日在省城所发禀，知二女在陈家，门庭雍睦，衣食有资，不胜欣慰。

尔累月奔驰酬应，犹能不失常课，当可日进无已。人生唯有常是第一美德。余早年于作字一道，亦尝苦思力索，终无所成。近日朝朝摹写，久不间断，遂觉月异而岁不同。可见年无分老少，事无分难易，但行之有恒，自如种树畜养，日见其大而不觉耳。尔之短处在言语欠钝讷，举止欠端重，看书能深入而作文不能峥嵘。若能从此三事上下一番苦工，进之以猛，持之以恒，不过一二年，自尔精进而不觉。言语迟钝，举止端重，则德进矣。作文有峥嵘雄快之气，则业进矣。尔前作诗，差有端绪，近亦常作否？李、杜、韩、苏四家之七古，惊心动魄，曾涉猎及之否？

此间军事，近日极得手。鲍军连克青阳、石埭、太平、泾县四城。沅叔连克巢县、和州、含山三城暨铜城闸、雍家镇、裕溪口、西梁山四隘。满叔连克繁昌、南陵二城暨鲁港一隘。现仍稳慎图之，不敢骄矜。

余近日疮癣大发，与去年九十月相等。公事丛集，竟日忙冗，尚多积阁之件。所幸饮食如常，每夜安眠或二更三更之久，不似往昔彻夜不寐，家中可以放心。此信并呈澄叔一阅，不另致也。

同治元年四月初四日

谕纪泽·清则易柔，唯志趣高坚，则可变柔为刚

字谕纪泽：

鸿儿出痘，余两次详信告知家中。此六日尤为平顺，全家

放心。

余忧患之余，每闻危险之事，寸心如沸汤浇灼。鸿儿病痉后，又以鄂省贼久踞臼口、天门，春霆病势甚重，焦虑之至。尔信中述左帅密劾次青，又与鸿儿信言闽中谣歌之事，恐均不确。余于左、沈二公之以怨报德，此中诚不能无芥蒂，然老命笃畏天命，力求克去褊心忮心。尔辈少年，尤不宜妄生意气，着不得丝毫意见。切记切记。

尔禀气太清。清则易柔，唯志趣高坚，则可变柔为刚；清则易刻，唯襟怀闲远，则可化刻为厚。余字汝曰劼刚，恐其稍涉柔弱也。教汝读书须具大量，看陆诗以导闲适之抱，恐其稍涉刻薄也。尔天性淡于荣利，再从此二字用功，则终身受用不尽矣。

鸿儿全数复元。端午后当遣之回湘。

同治六年三月二十八日

谕纪泽、纪鸿·将赴天津示二子

余即日前赴天津，查办殴毙洋人、焚毁教堂一案。外国性情凶悍，津民习气浮嚣，俱难和叶。将来构怨兴兵，恐致激成大变。余此行反复筹思，殊无良策。余自咸丰三年募勇以来，即自誓效命疆场，今老年病躯，危难之际，断不肯吝于一死，以自负其初心。恐邂逅及难，而尔等诸事无所秉承，兹略示一二，以备不虞。余若长逝，灵柩自以由运河搬回江南归湘为便。中间虽有临清至张秋一节须改陆路，较之全行陆路者差易。去年由海船送来之书籍、木器等过于繁重，断不可全行带回，须细心分别去留。可送者分送，可毁者焚毁，其必不可弃者，乃行带归，毋贪琐物而花途费。其在保定自制之木器全行分送，沿途谢绝一切，概不收礼，但水陆略求兵勇护送而已。

余历年奏折，令夏吏择要钞录，今已钞一多半，自须全行择钞。钞毕后，存之家中，留于子孙观览，不可发刻送人，以其间可存者绝少也。余所作古文，黎莼斋钞录颇多，顷渠已照钞一份寄余处存稿。此外，黎所未钞之文，寥寥无几，尤不可发刻送人，不特篇帙太少，且少壮不克努力，志亢而才不足以副之，刻出适以彰其陋耳。如有知旧劝刻余集者，婉言谢之可也。切嘱！切嘱！余升平略涉儒先之书，见圣贤教人修身千言万语，而要以不忮不求为重。忮者，嫉贤害能，妒功争宠，所谓忌者不能修，忌者畏人修之类也。求者，贪利贪名，怀土怀惠，所谓未得患得，既得患失之类也。忮不常见，每发露于名业相侔，势位相埒之人。求不常见，每发露于货财相接，仕进相妨之际。将欲造福，先去忮心。所谓人能充无欲害人之心，而仁不可胜用也。将欲立品，先去求心。所谓人能充无穿窬之心，而义不可胜用也。忮不去，满怀皆是荆棘；求不去，满腔日即卑污。余于此二者，常加克治，恨尚未能扫除净尽。尔等欲心地干净，宜于此二者痛下工夫，并愿子孙世世戒之。附作《忮求诗》二首录右。

历览有国有家之兴，皆由克勤克俭所致，其衰则反是。余生平亦颇以勤字自励，而实不能勤。故读书无手钞之册，居官无可存之牍。生平亦好以俭字教人，而自问实不能俭。今署中内外服役之人、厨房日用之数亦云奢矣。其故由于前在军营规模宏阔，相沿未改，近因多病医药之资，漫无限制。由俭入奢易于下水，由奢反俭难于登天。在两江交卸时，尚存养廉二万金在，余初意不料于此。然似此放手用去，转瞬即已立尽。尔辈以后居家须学陆梭山之法，每月用银若干两，限一成数另封秤出，本月用毕，只准赢余，不准亏欠。衙门奢侈之习，不能不彻底痛改。余初带兵之时，立志不取军营之钱以自肥其私，今日差幸不负始愿。然亦不愿子孙过于贫困，低颜求人，唯在尔辈力崇俭德，善持其后而已。

孝、友为家庭之祥瑞，凡所称因果报应，他事或不尽验，独孝、友则立获吉庆，反是则立获殃祸，无不验者。吾早岁久宦京师，于孝养之道多疏，后来展转兵间，多获诸弟之助，而吾毫无裨益于诸弟。余兄弟姊妹各家，均有田宅之安，大抵皆九弟扶助之力，我身殁之后，尔等事两叔如父，事叔母如母，视堂兄弟如手足，凡事皆从省啬，独待诸叔之家则处处从厚，待堂兄弟以德业相劝，过失相规，期于彼此有成为第一要义，其次则亲之欲其贵，爱之欲其富，常常以吉祥善事代诸昆弟默为祷祝，自当神人共钦。温甫、季洪两弟之死，余内省觉有惭德，澄侯、沅甫两弟渐老，余此生不审能否相见，尔辈若能从孝、友二字切实讲求，亦足为我弥缝缺憾耳。

同治九年六月初四日，将赴天津示二子

齐家卷

禀父母·凡兄弟有不是处，必须明言

男国藩跪禀父母亲大人万福金安：

十月十七日接奉在县城所发手谕，知家中老幼安吉，各亲戚家并皆如常。七月二十五由黄恕皆处寄信，八月十三日由县附信寄折差，皆未收到。男于八月初三发第十一号家信，十八发第十二号，九月十六发第十三号，不知皆收到否？

男在京身体平安。近因体气日强，每天发奋用功，早起温经，早饭后读《二十三史》，下半日阅诗、古文。每日共可看书八十页，皆过笔圈点，若有耽搁，则止看一半。

九弟体好如常，但不甚读书。前八月下旬迫切思归，男再四劝慰，询其何故，九弟终不明言，唯不读书，不肯在上房共饭。男因就弟房二人同食，男妇独在上房饭，九月一月皆如此。弟待男恭敬如常，待男妇和易如常，男夫妇相待亦如常，但不解其思归之故。男告弟云"凡兄弟有不是处，必须明言，万不可蓄疑于心。如我有不是，弟当明争婉讽，我若不听，弟当写信禀告堂上。今欲一人独归，浪用途费，错过光阴，道路艰险，尔又年少无知，祖父母、父母闻之，必且食不甘味，寝不安枕，我又安能放心？是万不可也"等语。又写书一封，详言不可归之故，共二千余字，又作诗一首示弟。弟微有悔意，而尚不读书。十月初九，男及弟等恭庆寿辰。十一日，男三十初度，弟具酒食，肃衣冠，为男祝贺，嗣是复在上房四人共饭，和好无猜。

昨接父亲手谕，中有示荃男一纸，言"境遇难得，光阴不再"等语，弟始愧悔读书。男教弟千万言，而弟不听，父亲教弟数言，而弟遽惶恐改悟，是知非弟之咎，乃男不能友爱，不克修德化导之罪也。伏求更赐手谕，责男之罪，俾男得率教改过，幸甚。

男妇身体如常。孙男日见结实，皮色较前稍黑，尚不解语。男自六月接管会馆公项，每月收房租大钱十五千文，此项例听经管支用，俟交卸时算出，不算利钱。男除用此项外，每月仅用银十一二两，若稍省俭，明年尚可不借钱。比家中用度较奢华，祖父母、父母不必悬念。男本月可补国史馆协修官，此轮次挨派者。

英夷之事，九月十七大胜，在福建、台湾生擒夷人一百三十三名，斩首三十二名，大快人心。

许吉斋师放甘肃知府，同乡何宅尽室南归，余俱如故。同乡京官现仅十余人。敬呈近事，余容续禀。男谨禀。

又呈附录诗一首云：

松柏翳危岩，葛藟相钩带。兄弟匪他人，患难亦相赖。行酒烹肥羊，嘉宾填门外。丧乱一以闻，寂寞何人会？维鸟有鹡鸰，维兽有狼狈。兄弟审无猜,外侮将予奈?愿为同岑石,无为水下濑。水急不可矶,石坚犹可磕。谁谓百年长,仓皇已老大。我迈而斯征,辛勤共粗粝。来世安可期,今生勿玩偈!

道光二十一年十月十九日

禀父母·游子在外,最重唯平安二字

孙男国藩跪禀祖父母大人万福金安:

三月十一日发家信第四号,四月初十、二十三发第五号、第六号。后两号皆寄省城陈家,因寄有银、参、笔、帖等物,待诸弟晋省时当面去接。四月二十一日接壬寅第二号家信,内祖父、父亲、叔父手书各一,两弟信并诗文俱收。伏读祖父手谕,字迹与早年相同,知精神较健。家中老幼平安,不胜欣幸。游子在外,最重唯平安二字。

承叔父代办寿具,兄弟感恩,何以图报!湘潭带漆,必须多带。此物难辨真假,不可邀人去同买,反有奸弊。在省考试时,与朋友问看漆之法,多问则必能知一二。若临买时向纸行邀人同去,则必吃亏。如不知看漆之法,则今年不必买太多,待明年讲究熟习,再买不迟。今年添新寿具之时,祖父母寿具必须加漆,以后每年加漆一次。四具同加,约计每年漆钱多少?写信来京,孙付至省城甚易,此事万不可从俭。子孙所为报恩之处,唯此最为切实,其余皆虚文也。孙意总以厚漆为主,由一层以加至数十层,愈厚愈坚。不必多用瓷灰、夏布等物,恐其与漆不相胶粘,历久而脱壳也。然此事孙未尝经历讲究，不知如何而后尽善。家中如何办法，望四弟详细写信告知，更望叔父教训诸弟经理。

心斋兄去年临行时，言到县即送银二十八两至我家。孙因十叔所代之钱，恐家中年底难办，故向心斋通挪，因渠曾挪过孙的。今渠既未送来，则不必向渠借也。家中目下敷用不缺，此孙所第一放心者。孙在京已借银二百两，此地通挪甚易，故不甚窘迫，恐不能顾家耳。

曾孙姊妹二人体甚好，四月二十三日已种牛痘。牛痘万无一失，系广东京官设局济活贫家婴儿，不取一钱。兹附回种法一张，敬呈慈览。湘潭、长沙皆有牛痘公局，可惜乡间无人知之。

英夷去年攻占浙江宁波府及定海、镇海两县，今年退出宁波，攻占乍浦，极可痛恨，京城人心安静如无事时，想不日可殄灭也。

孙谨禀

道光二十二年四月二十七日

禀父母·夫家和则福自生

男国藩跪禀父母亲大人万福金安：

正月八日恭庆祖父母双寿。男去腊作寿屏二架，今年同乡送寿对者五人，拜寿来客四十人。早面四席，晚酒三席，未吃晚酒者，于十七日、二十日补请二席。又请人画《椿萱重荫图》，观者无不叹羡。

男身体如常。新年应酬太繁，几至日不暇给，媳妇及孙儿俱平安。

正月十五接到四弟、六弟信。四弟欲偕季弟从汪觉庵师游，六弟欲偕九弟至省城读书。男思大人家事日烦，必不能在家塾照管诸弟，且四弟天分平常，断不可一日无师，讲书改诗文，断不可一课耽搁。伏望堂上大人俯从男等之请，即命四弟、季弟从觉庵师，其束修银，男于八月付回，两弟自必加倍发奋矣。六弟实不羁之才，乡间孤陋寡闻，断不足以启其见识而坚其志向。且少年英锐之气不可久挫，六弟不得入学，既挫之矣；欲进京而男阻之，再挫之矣；若又不许肄业省城，则毋乃太挫其锐气乎？伏望堂上大人俯从男等之请，即命六弟、九弟下省读书。其费用男于二月间付银二十两至金竺虔家。

夫家和则福自生，若一家之中，兄有言弟无不从，弟有请兄无不应，和气蒸蒸而家不兴者，未之有也。反是而不败者，亦未之有也。伏望大人察男之志，即此敬禀叔父大人，恕不另具。六弟将来必为叔父克家之子，即为吾族光大门第，可喜也。

谨述一二，余俟续禀。

道光二十三年正月十七日

致诸弟·所寄银两，以四百为馈赠族戚之用

六弟、九弟左右：

三月八日接到两弟二月十五所发信，信面载第二号，则知第

一号信未到。比去提塘追索，渠云并未到京，恐尚在省未发也。以后信宜交提塘挂号，不宜交折差手，反致差错。

来书言自去年五月至十二月，计共发信七八次。兄到京后，家人仅检出二次，一系五月二十二日发，一系十月十六日发，其余皆不见。远信难达，往往似此。腊月信有"糊涂"字样，亦情之不能禁者。盖望眼欲穿之时，疑信杂生，怨怒交至。唯骨肉之情愈挚，则望之愈殷；望之愈殷，则责之愈切。度日如年，居室如圜墙，望好音如万金之获，闻谣言如风声鹤唳，又加以堂上之悬思，重以严寒之逼人，其不能不出怨言以相詈者，情之至也。然为兄者观此二字，则虽曲谅其情，亦不能不责之。非责其情，责其字句之不检点耳，何芥蒂之有哉！至于回京时有折弁南还，则兄实不知。当到家之际，门几如市，诸务繁剧，吾弟可想而知。兄意谓家中接榜后所发一信，则万事可以放心矣，岂尚有悬挂者哉？来书辨论详明，兄今不复辨。盖彼此之心虽隔万里，而赤诚不啻目见，本无纤毫之疑，何必因二字而多费唇舌？以后来信，万万不必提起可也。

所寄银两，以四百为馈赠族戚之用。来书云："非有未经审量之处，即似稍有近名之心。"此二语推勘入微，兄不能不内省者也。又云："所识穷乏得我而为之，抑逆知家中必不为此慷慨，而姑为是言？"斯二语者，毋亦拟阿兄不伦乎？兄虽不肖，亦何至鄙且奸至于如此之甚！所以为此者，盖族戚中有断不可不一援手之人，而其余则牵连而及。

兄已亥年至外家，见大舅陶穴而居，种菜而食，为恻然者久之。通十舅送我，谓曰："外甥做外官，则阿舅来作烧火夫也。"南五舅送至长沙，握手曰："明年送外甥妇来京。"余曰："京城苦，舅勿来。"舅曰："然。然吾终寻汝任所也。"言已泣下。兄念母舅皆已年高，饥寒之况可想，而十舅且死矣，及今不一援手，则大舅、五舅者又能沾我辈之余润乎？十舅虽死，兄意犹当恤其妻子，且从俗为之延僧，如所谓道场者，以慰逝者之魂，而尽吾不忍死其舅之心。我弟我弟，以为可乎？兰姊、蕙妹家运皆舛，兄好为识微之妄谈，兰姊犹可支撑，蕙妹再过数年则不能自存活矣。同胞之爱，纵彼无觖望，吾能不视如一家一身乎？

欧阳沧溟先生夙债甚多，其家之苦况，又有非吾家可比者，故其母丧，不能稍隆厥礼。岳母送余时，亦涕泣而道。兄赠之独丰，则犹徇世俗之见也。楚善叔为债主逼迫，抢地无门，二伯祖母尝为余泣言之。又泣告子植曰："八儿夜来泪注，地湿围径五尺也。"而田货于我家，价既不昂，事又多磨。尝贻书于我，备陈吞声饮泣之状，此子植所亲见，兄弟尝欷歔久之。

丹阁叔与宝田表叔昔与同砚席十年，岂意今日云泥隔绝至此。知其窘迫难堪之时，必有饮恨于实命之不犹者矣。丹阁戊戌年曾以钱八千贺我，贤弟谅其景况，岂易办八千者乎？以为喜极，固可感也；以为钓饵，则亦可怜也。任尊叔见我得官，其欢喜出于至诚，亦可思也。竟希公一项，当甲午年抽公项三十二千为贺礼，渠两房颇不悦。祖父曰："待藩孙得官。第一件先复竟希公项。"此语言之已熟，特各堂叔不敢反唇相讥耳。同为竟希公之嗣，而菀枯悬殊若此，设造物者一旦移其菀于彼二房，而移其枯于我房，则无论六百，即六两亦安可得耶？

六弟、九弟之岳家皆寡妇孤儿，槁饿无策。我家不拯之，则孰拯之者？我家少八两，未必遂为债户逼取，渠得八两，则举室回春。贤弟试设身处地而知其如救水火也。彭王姑待我甚厚，晚年家贫，见我辄泣。兹王姑已没，故赠宜仁王姑丈，亦不忍以死视王姑之意也。腾七则姑之子，与我同孩提长养。各舅祖则推祖母之爱而及也。彭舅曾祖则推祖父之爱而及也。陈本七、邓升六二先生，则因觉庵师而牵连及之者也。其余馈赠之人，非实有不忍于心者，则皆因人而及。非敢有意讨好，沽名钓誉，又安敢以己之豪爽形祖父之刻啬，为此奸鄙之心之行也哉？

诸弟生我十年以后，见诸戚族家皆穷，而我家尚好，以为本分如此耳。而不知其初皆与我家同盛者也。兄悉见其盛时气象，而今日零落如此，则大难为情矣。凡盛衰在气象。气象盛，则虽饥亦乐，气象衰，则虽饱亦忧。今我家方全盛之时，而贤弟以区区数百金为极少，不足比数。设以贤弟处楚善、宽五之地，或处葛、熊二家之地，贤弟能一日以安乎？凡遇之丰啬顺舛，有数存焉，虽圣人不能自为主张。天可使吾今日处丰亨之境，即可使吾明日处楚善、宽五之境。君子之处顺境，兢兢焉常觉天之过厚于我，我当以所余补人之不足；君子之处啬境，亦兢兢焉常觉天之厚于我，非果厚也，以为较之尤啬者，而我固已厚矣。古人所谓境地须看不如我者，此之谓也。

来书有"区区千金"四字，其毋乃不知天之已厚于我兄弟乎？兄尝观《易》之道，察盈虚消息之理，而知人不可无缺陷也。日中则昃，月盈则亏，天有孤虚，地阙东南，未有常全而不缺者。《剥》也者，《复》之几也，君子以为可喜也。《夬》也者，《姤》之渐也，君子以为可危也。是故既吉矣，则由吝以趋于凶；既凶矣，则由悔以趋于吉。君子但知有悔耳。悔者，所以守其缺而不敢求全也。小人则时时求全，全者既得，而吝与凶随之矣。众人常缺而一人常全，天道屈伸之故，岂若是不公乎？今吾家椿萱重庆，兄弟无故，京师无比美者，亦可谓至万全者矣。故兄但求缺陷，名所居曰"求缺斋"，盖求缺于他事而求全于堂上，此则区区之至愿也。家中旧债不能悉清，堂上衣服不能多办，诸弟所需不能一给，亦求缺陷之义也。内人不明此意，时时欲置办衣物，兄亦时时教之。今幸未全备，待其全时，则吝与凶随之矣，此最可畏者也。贤弟夫妇诉怨于房闼之间，此是缺陷。吾弟当思所以弥其缺而不可尽给其求，盖尽给则渐几于全矣。吾弟聪明绝人，将来见道有得，必且韪余之言也。

至于家中欠债，则兄实有不尽知者。去年二月十六接父亲正月四日手谕，中云："年事一切，银钱敷用有余，上年所借头息钱，均已完清。家中极为顺遂，故不窘迫。"父亲所言如此，兄亦不甚了了，不知所完究系何项？未完尚有何项？兄所知者，仅江孝八外祖百两、朱岚暄五十两而已。其余如耒阳本家之账，则兄由京寄还，不与家中相干。甲午冬借添梓坪钱五十千，尚不知作何还法，正拟此次禀问祖父。此外账目，兄实不知。下次信来，务望详开一单，使兄得渐次筹画。

如弟所云："家中欠债千余金，若兄早知之，亦断不肯以四百赠人矣。"如今信去已阅三月，馈赠族戚之语，不知乡党已传播否？若已传播而实不至，则祖父受啬吝之名，我加一信，亦难免二三其德之诮，此兄读两弟来书所为踌躇而无策者也。兹特呈堂上一禀，依九弟之言书之，谓朱啸山、曾受恬处二百落空，非初意所料。其馈赠之项，听祖父、叔父裁夺，或以二百为赠，每人减半亦可；或家中十分窘迫，即不赠亦可。戚族来者，家中即以此信示之，庶不悖于过则归己之义。贤弟观之，以为何如也？

若祖父、叔父以前信为是，慨然赠之，则此禀不必付归，兄另有安信付去，恐堂上慷慨持赠，反因接吾书而尼沮。凡仁心之发，必一鼓作气，尽吾力之所能为，稍有转念，则疑心生，私心亦生。疑心生则计较多，而出纳吝矣；私心生则好恶偏，而轻重乖矣。使家中慷慨乐与，则慎无以吾书生堂上之转念也。使堂上无转念，则此举也阿兄发之，堂上成之，无论其为是为非，诸弟置之不论可耳。向使去年得云、贵、广西等省苦差，并无一钱寄家，家中亦不能责我也。

九弟来书，楷法佳妙，余爱之不忍释手。起笔收笔皆藏锋，无一笔撒手乱丢，所谓有往皆复也。想与陈季牧讲究，彼此各有心得，可喜可喜。然吾所教尔者，尚有二事焉：一曰换笔，古人每笔中间必有一换，如绳索然，第一股在上，一换则第二股在上，再换则第三股在上也。笔尖之着纸者，仅少许耳。此少许者，吾当作四方铁笔用。起处东方在左，西方向右，一换则东方向右矣。笔尖无所谓方也，我心中常觉其方，一换而东，再换而北，三换而西，则笔尖四面有锋，不仅一面相向矣。二曰结字有法，结字之法无穷，但求胸有成竹耳。六弟之信文笔拗而劲，九弟文笔婉而达，将来皆必有成。但目下不知各看何书？万不可徒看考墨卷，汩没性灵。每日习字不必多，作百字可耳。读背诵之书不必多，十页可耳。看涉猎之书不必多，亦十页可耳。但一部未完，不可换他部，此万万不易之道。阿兄数千里外教尔，仅此一语耳。

罗罗山兄读书明大义，极所钦仰，惜不能会面畅谈。

余近来读书无所得，酬应之繁，日不暇给，实实可厌。唯古文各体诗，自觉有进境，将来此事当有成就。恨当世无韩愈、王安石一流人与我相质证耳。贤弟亦宜趁此时学为诗、古文，无论是否，且试拈笔为之，及今不作。将来年长，愈怕丑而不为矣。每月六课，不必其定作时文也。古文、诗、赋、四六无所不作，行之有常，将来百川分流，同归于海，则通一艺即通众艺，通于艺即通于道，初不分而二之也。此论虽太高，然不能不为诸弟言之，使知大本大原，则心有定向，而不至于摇摇无着。虽当其应试之时，全无得失之见乱其意中；即其用力举业之时，亦于正业不相妨碍。诸弟试静心领略，亦可徐徐会悟也。

外附录《五箴》一首、《养身要言》一纸、《求缺斋课程》一纸，诗文不暇录，唯谅之。

兄国藩手草

五箴（并序，甲辰春作）

少不自立，荏苒遂泊今兹。盖古人学成之年，而吾碌碌尚如斯也，不其戚矣！继是以往，人事日纷，德慧日损，下流之赴，抑又可知。夫疢疾所以益智，逸豫所以亡身，仆以中材而履安顺，将欲刻苦而自振拔，谅哉其难之欤！作《五箴》以自创云。

立志箴

煌煌先哲，彼不犹人。藐焉小子，亦父母之身。聪明福禄，予我者厚哉！弃天而佚，是及凶灾。积悔累千，其终也已。往者不可追，请从今始。荷道以躬，舆之以言。一息尚活，永矢弗谖。

居敬箴

天地定位，二五胚胎。鼎焉作配，实曰三才。俨恪斋明，以凝女命。女之不庄，伐生戕性。谁人可慢？何事可弛？弛事者无成，慢人者反尔。纵彼不反，亦长吾骄。人则下女，天罚昭昭。

主静箴

斋宿日观，天鸡一鸣。万籁俱息，但闻钟声。后有毒蛇，前有猛虎。神定不慑，谁敢余侮？岂伊避人，日对三军。我虑则一，彼纷不纷。驰骛半生，曾不自主。今其老矣，殆扰扰以终古。

谨言箴

巧语悦人，自扰其身。闲言送日，亦搅女神。解人不夸，夸者不解。道听途说，智笑愚骇。骇者终明，谓女实欺。笑者鄙女，虽矢犹疑。尤悔既丛，铭以自攻。铭而复蹈，嗟女既耄。

有恒箴

自吾识字，百历泊滋。二十有八载，则无一知。曩之所忻，阅时而鄙。故者既抛，新者旋徙。德业之不常，曰为物牵。尔之再食，曾未闻或愆。黍黍之增，久乃盈斗。天君司命，敢告马走。

养身要言（癸卯入蜀道中作）

一阳初动处，万物始生时。不藏怒焉，不宿怨焉。——右仁，所以养肝也。

内而整齐思虑，外而敬慎威仪。泰而不骄，威而不猛。——右礼，所以养心也。

饮食有节，起居有常，作事有恒，容止有定。——右信，所以养脾也。

扩然而大公，物来而顺应。裁之吾心而安，揆之天理而顺。——右义，所以养肺也。

心欲其定，气欲其定，神欲其定，体欲其定。——右智，所以养肾也。

求缺斋（课程癸卯孟夏立）

读熟读书十页。看应看书十页。习字一百。数息百人。记《过隙影》即日记。记《茶余偶谈》一则。——右每日课

逢三日写回信。逢八日作诗、古文一艺。——右月课

熟读书：《易经》、《诗经》、《史记》、《明史》、《屈子》、《庄子》、杜诗、韩文。

应看书不具载。

道光二十四年三月初十日

致诸弟·吾所望诸弟者，不在科名之有无

四位老弟足下：

自三月十三日发信后，至今未寄一信。余于三月二十四日移寓前门内西边碾儿胡同，与城外消息不通。四月间到折差一次，余竟不知，迨既知而折差已去矣。唯四月十九欧阳小岑南归，余寄衣箱银物并信一件，四月二十四梁菉庄南归，余寄书卷零物并信一件。两信皆仅数语，至今想尚未到。四月十三黄仙垣南归，余寄闱墨，并无书信，想亦未到。兹将三次所寄各物另开清单付回，待三人到时，家中照单查收可也。

内城现住房共二十八间，每月房租京钱三十串，极为宽敞，冯树堂、郭筠仙所住房屋皆清洁。甲三于三月二十四日上学，天分不高不低，现已读四十天，读至“自修齐至平治矣”。因其年太小，故不加严，已读者字皆能认。两女皆平安，陈岱云之子在余家亦甚好。内人身子如常，现又有喜，大约九月可生。

余体气较去年略好。近因应酬太繁，天气渐热，又有耳鸣之病。今年应酬较往年更增数倍：第一，为人写对联条幅，合四川、湖南两省求书者，几日不暇给；第二，公车来借钱者甚多，

无论有借无借，多借少借，皆须婉言款待；第三则请酒拜客及会馆公事；第四则接见门生，颇费精神。又加以散馆，殿试则代人料理，考差则自己料理，诸事冗杂，遂无暇读书矣。

三月二十八大挑，甲午科共挑知县四人，教官十九人，其全单已于梁菉庄所带信内寄回。四月初八日发会试榜，湖南中七人，四川中八人，去年门生中二人，另有题名录附寄。十二日新进士复试，十四发一等二十一名，另有单附寄。十六日考差，余在场，二文一诗，皆妥当无弊病，写亦无错落，兹将诗稿寄回。十八日散馆，一等十九名，本家心斋取一等十二名，陈启迈取二等第三名，二人俱留馆。徐菜因诗内"皴"字误写"皱"字，改作知县，良可惜也。二十二日散馆者引见，二十六、七两日考差者引见，二十八日新进士朝考，三十日发全单附回，二十一日新进士殿试，二十四日点状元全榜附回。五月初四、五两日新进士引见。初一日放云贵试差，初二日钦派大教习二人，初六日奏派小教习六人，余亦与焉。

初十日奉上谕，翰林侍读以下、詹事府洗马以下自十六日起每日召见二员。余名次第六，大约十八日可以召见。从前无逐日分见翰詹之例，自道光十五年始一举行，足征圣上勤政求才之意。十八年亦如之，今年又如之。此次召见，则今年放差大约奏对称旨者居其半，诗文高取者居其半也。

五月十一日接到四月十三家信，内四弟、六弟各文二首，九弟、季弟各文一首。四弟东皋课文甚洁净，诗亦稳妥，"则何以哉"一篇，亦清顺有法，第词句多不圆足，笔亦平沓不超脱。平沓最为文家所忌，宜力求痛改此病。六弟笔气爽利，近亦渐就范围，然词意平庸，无才气峥嵘之处，非吾意中之温甫也。如六弟之天姿不凡，此时作文，当求议论纵横，才气奔放，作为如火如茶之文，将来庶有成就。不然，一挑半剔，意浅调卑，即使获售，亦当自惭其文之浅薄不堪；若其不售，则又两失之矣。今年从罗罗山游，不知罗山意见如何？吾谓六弟今年人泮固妙，万一不入，则当尽弃前功，壹志从事于先辈大家之文。年过二十，不为少矣，若再扶墙摩壁，役役于考卷截搭小题之中，将来时过而业仍不精，必有悔恨于失计者，不可不早图也。余当日实见不到此，幸而早得科名，未受其害。向使至今未尝入泮，则数十年从事于吊渡映带之间，仍然一无所得，岂不觍颜也哉？此中误人终身多矣。温甫以世家之子弟，负过人之姿质，即使终不入泮，尚不至于饥饿，奈何亦以考卷误终身也。九弟要余改文详批，予实不善改小考文，当请曹西垣代改，下次折弁付回。季弟文气清爽异常，喜出望外，意亦层出不穷，以后务求才情横溢，气势充畅，切不可挑剔敷衍，安于庸陋，勉之勉之，初基不可不大也。书法亦有褚字笔意，尤为可喜。总之，吾所望于诸弟者，不在科名之有无，第一则孝弟为瑞，其次则文章不朽。诸弟若果能自立，当务其大者远者，毋徒汲汲于进学也。

冯树堂、郭筠仙在寓看书作文，功无间断。陈季牧日日习字，亦可畏也。四川门生留京约二十人，用功者颇多。余不尽书。

兄国藩草

道光二十四年五月十二日

致诸弟·恐其家女子有宦家骄奢习气，乱我家规

诸位老弟足下：

十四日发十四号家信，因折弁行急，未作书与诸弟。十六日早接到十一月十二所发信，内父亲一信，四位老弟各一件。是日午刻又接九月十二所寄信，内父亲及四、六、九弟各一件，具悉一切，不胜欣幸。

曹石樵明府待我家甚为有礼，可感之至，兹寄一信去。西坤四位，因送项太简，致生嫌隙，今虽不复形之口角，而其心究不免有觖望，故特作信寄丹阁叔，使知我家光景亦非甚裕者。贤弟将此信呈堂上诸大人，以为开诚布公否？如堂上诸大人执意不肯送去，则不送亦可也。四弟之诗又有长进，第命意不甚高超，声调不甚响亮。命意之高，须要透过一层。如说考试，则须说科名是身外物，不足介怀，则诗意高矣；若说必以得科名为荣，则意浅矣。举此一端，余可类推。腔调则以多读诗为主，熟则响矣。去年树堂所寄之笔，亦我亲手买者。"春光醉"目前每支大钱五百文，实不能再寄；"汉璧"尚可寄，然必须明年会试后乃有便人回南，春间不能寄也。五十读书固好，然不宜以此耽搁自己功课。女子无才便是德，此语不诬也。常家欲与我结婚，我所以不愿者，因闻常世兄最好恃父势作威福，衣服鲜明，仆从炬赫，恐其家女子有宦家骄奢习气，乱我家规，诱我子弟好侈耳。今渠再三要结婚，发甲五八字去，恐渠家是要与我为亲家，非欲与弟为

亲家，此语不可不明告之。贤弟婚事，我不敢作主，但亲家为人何如，亦须向汪三处查明。若吃鸦片烟，则万不可对；若无此事，则听堂上各大人与弟自主之可也。所谓翰堂秀才者，其父子皆不宜亲近，我曾见过，想衡阳人亦有知之者。若要对亲，或另请媒人亦可。六弟九月之信，于自己近来弊病颇能自知，正好用功自医，而犹曰"终日泄泄"，此则我所不解者也。家中之事，弟不必管。天破了自有女娲管，洪水大了自有禹王管，家事有堂上大人管，外事有我管，弟只安心自管功课而已，何必问其他哉？至于宗族姻党，无论他与我家有隙无隙，在弟辈只宜一概爱之敬之。孔子曰："泛爱众而亲仁。"孟子曰："爱人不亲反其仁，礼人不答反其敬。"此刻未理家事，若便多生嫌怨，将来当家立业，岂不个个都是仇人？古来无与宗族乡党为仇之圣贤，弟辈万不可专责他人也。

十一月信言现看《庄子》并《史记》，甚善。但作事必须有恒，不可谓考试在即，便将未看完之书丢下，必须从首至尾，句句看完。若能明年将《史记》看完，则以后看书不可限量，不必问进学与否也。贤弟论袁诗、论作字亦皆有所见，然空言无益，须多做诗，多临帖，乃可谈耳。譬如人欲进京，一步不行，而在家空言进京程途，亦何益哉？即言之津津，人谁得而信之哉？九弟之信，所以规劝我者甚切，余览之，不觉毛骨悚然。然我用功，实脚踏实地，不敢一毫欺人。若如此做去，不作外官，将来道德文章必粗有成就。上不敢欺天地祖父，下不敢欺诸弟与儿子也。而省城之闻望日隆，即我亦不知其所自来。我在京师，唯恐名浮于实，故不先拜一人，不自诩一言，深以过情之闻为耻耳。

来书写大场题及榜信，此间九月早已知之，唯县考案首前列及进学之人，则至今不知。诸弟以后写信，于此等小事及近处族戚家光景，务必一一详载。季弟信亦谦虚可爱，然徒谦亦不好，总要努力前进。此全在为兄者倡率之。余他无可取，唯近来日日有恒，可为诸弟倡率。四弟、六弟纵不欲以有恒自立，独不怕坏季弟之样子乎？

昨十六日卓秉恬拜大学士，陈官俊得协办大学士，自王中堂死后，隔三年大学士始放人，亦一奇也。书不宜尽。

兄国藩手具

道光二十四年十二月十八日

致诸弟·诸弟亦宜常存敬畏

四位老弟足下：

四月十六日予寄第三号交折差，备述进场阅卷及收门生诸事，内附寄会试题名录一纸。十七日朱啸山南旋，予寄第四号信，外银一百两，书一包计九函，高丽参一斤半。二十五日冯树堂南旋，予寄第五号家信，外寿屏一架，鹿胶二斤一包，对联、条幅、扇子及笔共一布包。想此三信皆于六月可接到。树堂去后，予于五月初二日新请李竹坞先生（名如篦，永顺府龙山县人，丁酉拔贡，庚子举人）教书，其人端方和顺，有志性理之学，虽不能如树堂之笃诚照人，而亦为同辈所最难得者。

初二早，皇上御门办事。余蒙天恩，得升詹事府右春坊右庶子。次日具折谢恩，蒙召见于勤政殿，天语垂问共四十余句。是日同升官者：李菡升都察院左副都御史，罗惇衍升通政司副使，及余共三人。余蒙祖父余泽，频叨非分之荣，此次升官，尤出意外，日夜恐惧修省，实无德足以当之。诸弟远隔数千里外，必须匡我之不逮，时时寄书规我之过，务使累世积德不自我一人而堕，庶几持盈保泰，得免速致颠危。诸弟能常进箴规，则弟即吾之良师益友也。而诸弟亦宜常存敬畏，勿谓家有人作官，则遂敢于侮人；勿谓已有文学，而遂敢于恃才傲人。常存此心，则是载福之道也。

今年新进士善书者甚多，而湖南尤甚。萧史楼既得状元，而周荇农寿昌去岁中南元，孙芝房鼎臣又取朝元，可谓极盛。现在同乡诸人讲求词章之学者固多，讲求性理之学者亦不少，将来省运必大盛。

予身体平安，唯应酬太繁，日不暇给，自三月进闱以来，至今已满两月，未得看书。内人身体极弱，而无病痛，医者云必须服大补剂乃可回元。现在所服之药与母亲大人十五年前所服之白术黑姜方略同，差有效验。儿女四人皆平顺，婢仆辈亦如常。去年寄家之银两，屡次写信求将分给戚族之数目详实告我，而至今无一字见示，殊不可解。以后务求四弟将账目开出寄京，以释我之疑。又予所欲问家乡之事甚多，兹另开一单，烦弟逐条对是祷。

兄国藩草

道光二十五年五月初五日

致诸弟·我有三事奉劝四弟

四弟、九弟、季弟足下：

六月二十八日发第九号家信，想已收到。七月以来，京寓大小平安。癣疾虽头面微有痕迹，而于召见已绝无妨碍，从此不治，听之可也。

丁士元散馆。是诗中"皓月"误写"浩"字，胡家玉是赋中"先生"误写"先王"。李竹屋今年在我家教书三个月，临行送他俸金，渠坚不肯受。其人知情知义，予仅送他褂料、被面等物，竟未送银。渠出京后来信三次，予有信托立夫先生为渠荐馆。昨立夫先生信来，已请竹屋在署教读矣，可喜可慰。

耦庚先生革职，同乡莫不嗟叹。而渠屡次信来，绝不怪我，尤为可感可敬。

《岳阳楼记》大约明年总可寄到。家中《五种遗规》四弟须日日看，句句学之。我所望于四弟者，唯此而已。家中蒙祖父厚德余荫，我得忝列卿贰，若使兄弟妯娌不和睦，后辈子女无法则，则骄奢淫佚，立见消败，虽贵为宰相，何足取哉？我家祖父、父亲、叔父三位大人规矩极严，榜样极好，我辈踵而行之，极易为力。别家无好榜样者，亦须自立门户，自立规条，况我家祖父现样，岂可不遵行之而忍令堕落之乎？现在我不在家，一切望四弟作主。兄弟不和，四弟之罪也；妯娌不睦，四弟之罪也；后辈骄恣不法，四弟之罪也。我有三事奉劝四弟：一曰勤，二曰早起，三曰看《五种遗规》。四弟能信此三语，便是爱兄敬兄；若不信此三语，便是弁髦老兄。我家将来气象之衰兴，全系乎四弟一人之身。

六弟近来气性极和平，今年以来未曾动气，自是我家好气象。唯兄弟俱懒，我以有事而懒，六弟无事而亦懒，是我不甚满意处。若二人俱勤，则气象更兴旺矣。

吴、彭两寿文及小四书序、王待聘之父母家传，俱于八月付回，大约九月可到。袁漱六处，予意已定将长女许与他，六弟已当面与他说过几次矣，想堂上大人断无不允。予意即于近日订庚，望四弟禀告堂上。陈岱云处姻事，予意尚有迟疑，前日四弟信来，写堂上允诺欢喜之意，筠仙已经看见，比书信告岱云矣，将来亦必成定局，而予意尚有一二分迟疑。岱云丁艰，余拟送奠仪，多则五十，少则四十，别有对联之类，家中不必另致情也。余不尽言。

兄国藩手草

道光二十七年七月十八日

致诸弟·凡大员之家，无半字涉公庭，乃为得体

澄侯、子植、季洪三弟左右：

澄侯在广东前后共发信七封，至彬州、耒阳又发二信，三月十一到家以后又发二信，皆已收到。植、洪二弟今年所发三信，亦俱收到。澄弟在广东处置一切甚有道理。退念园、庄生各处程

仪，尤为可取。其办朱家事，亦为谋甚忠，虽无济于事，而朱家必可无怨。《论语》曰："言忠信，行笃敬，虽蛮貊之邦行矣。"吾弟出外，一切如此，吾何虑哉！贺八爷、冯树堂、梁俪裳三处，吾当写信去谢，澄弟亦宜各寄一书。即易念园处，渠既送有程仪，弟虽未受，亦当写一谢信寄去。其信即交易宅，由渠家书汇封可也。若易宅不便，即托岱云觅寄。

季洪考试不利，区区得失，无足介怀。补发之案有名，不去复试，甚为得体。今年院试若能得意，固为大幸；即使不遽获售，去年家中既隽一人，则今岁小挫，亦盈虚自然之理，不必抑郁。植弟书法甚佳，然向例未经过岁考者不合选拔，弟若去考拔，则同人必指而目之。及其不得，人不以为不合例而失，且以为写作不佳而黜。吾明知其不合例，何必受人一番指目乎？弟书问我去考与否，吾意以科考正场为断。若正场能取一等补廪，则考拔之时，已是廪生入场矣；若不能补廪，则附生考拔，殊可不必，徒招人妒忌也。

我县新官加赋，我家不必答言，任他加多少，我家依而行之。如有告官者，我家不必入场。凡大员之家，无半字涉公庭，乃为得体。为民除害之说，为所辖之属言之，非谓去本地方官也。

排山之事尚未查出，待下次折弁付回。欧阳之二十千及柳衙叔之钱，望澄弟先找一项垫出，待彭大生还来即行归款。彭山屺之业师任千总（名占魁）现在京引见，六月即可回到省。九弟及牧云所需之笔，及叔父所嘱之膏药、眼药，均托任君带回。曹西垣教习报满引见，以知县用，七月动身还家。母亲及叔父之衣并阿胶等项，均托西垣带回。

去年内赐衣料袍褂，皆可裁三件，后因我进闱考教习，家中叫裁缝做，渠裁之不得法，又窃去整料，遂仅裁祖父、父亲两套。本思另办好料为母亲制衣寄回，因母亲尚在制中，故未遽寄。叔父去年四十晋一，本思制衣寄祝，亦因在制，未遽寄也。兹准拟托西垣带回，大约九月可以到家。腊月服阕，即可着矣。

纪梁读书，每日百二十字，与泽儿正是一样，只要有恒，不必贪多。澄弟亦须常看《五种遗规》及《呻吟语》。洗尽浮华，朴实谙练，上承祖父，下型子弟，吾于澄实有厚望焉。

兄国藩手草

道光二十八年五月初十日

致诸弟·但愿其为耕读孝友之家，不愿其为仕宦之家

澄侯、温甫、子植、季洪足下：

四月十四日接到己酉三月初九所发第四号来信，次日又接到二月二十三所发第三号来信，其二月初四所发第二号信则已于前次三月十八接到矣。唯正月十六七发第一号信，则至今未接到。京寓今年寄回之家书：正月初十发第一号（折弁），二月初八日发第二号（折弁），二十六发第三号（折弁），三月初一日发第四号（乔心农太守），大约五月初可到省；十九发第五号（折弁），四月十四日发第六号（由陈竹伯观察），大约五月底可到省。《岳阳楼记》竹伯走时尚未到手，是以未交渠。然一两月内不少妥便，亦必可寄到家也。

祖父大人之病日见日甚如此，为子孙者远隔数千里外，此心

何能稍置？温弟去年若未归，此时在京，亦刻不能安矣。诸弟仰观父、叔纯孝之行，能人人竭力尽劳，服事堂上，此我家第一吉祥事。我在京寓，食膏粱而衣锦绣，竟不能效半点孙子之职。妻子皆安坐享用，不能分母亲之劳。每一念及，不觉汗下。

吾细思凡天下官宦之家，多只一代享用便尽，其子孙始而骄佚，继而流荡，终而沟壑，能庆延一二代者鲜矣。商贾之家，勤俭者能延三四代；耕读之家，勤朴者能延五六代；孝友之家，则可以绵延十代八代。我今赖祖宗之积累，少年早达，深恐其以一身享用殆尽，故教诸弟及儿辈，但愿其为耕读孝友之家，不愿其为仕宦之家。诸弟读书不可不多，用功不可不勤，切不可时时为科第仕宦起见。若不能看透此层道理，则虽巍科显宦，终算不得祖父之贤肖，我家之功臣；若能看透此道理，则我钦佩之至。澄弟每以我升官得差，便谓我是肖子贤孙，殊不知此非贤肖也。如以此为贤肖，则李林甫、卢怀慎辈何尝不位极人臣，舄弈一时，讵得谓之贤肖哉？予自问学浅识薄，谬膺高位，然所刻刻留心者，此时虽在宦海之中，却时作上岸之计。要令罢官家居之日，己身可以淡泊，妻子可以服劳，可以对祖父兄弟，可以对宗族乡党，如是而已。诸弟见我之立心制行与我所言有不符处，望时时切实箴规，至要至要。

鹿茸一药，我去腊甚想买就寄家，曾请漱六、岷樵两人买五六天，最后买得一架，定银九十两。而请人细看，尚云无力，其有力者必须百余金，到南中则直二百余金矣，然至少亦须四五两乃可奏效。今澄弟来书，言谭君送四五钱便有小效，则去年不买就急寄，余之罪可胜悔哉！近日拟赶买一架付归，以父、叔之孝行推之，祖父大人应可收药力之效。叔母之病，不知宜用何药？若南中难得者，望书信来京购买。

安良会极好。地方有盗贼，我家出力除之，正是我家此时应行之事。细毛虫之事，尚不过分，然必须到这田地方可动手。不然，则难免恃势欺压之名。既已惊动官长，故我特作书谢施梧冈，到家即封口送县可也。去年欧阳家之事，今亦作书谢伍仲常，送阳凌云，属其封口寄去可也。

澄弟寄俪裳书，无一字不合。蒋祝三信已交渠，兹有回信，家中可专人送至渠家，亦免得他父母悬望。

予因身体不旺，生怕得病，万事废弛，抱疚之事甚多。本想诸弟一人来京帮我，因温、沅乡试在迩，澄又为家中必不可少之人，洪则年轻，一人不能来京。且祖大人未好，岂可一人再离膝下？只得俟明年再说。

希六之事，余必为之捐从九品。但恐秋间乃能上兑，乡试后南旋者乃可带照归耳。书不能详，俟续寄。

国藩手草

道光二十九年四月十六日

致诸弟·莫使子侄学得怠惰样子

澄侯、温甫、子植、季洪四弟足下：

久未遣人回家，家中自唐二、维五等到后亦无信来，想平安也。

余二十九日自新堤移营，八月初一日至嘉鱼县。初五日自坐小舟至牌洲看阅地势，初七日即将大营移驻牌洲，水师前营、左营、中营自又七月二十三日驻扎金口。二十七日贼匪水陆上犯，我陆军未到，水军两路堵之，抢贼船二只，杀贼数十人，得一胜仗。罗山于十八、二十三、二十四、二十六等日得四胜仗。初四发折俱详叙之，兹付回。

初三日接上谕廷寄，余得赏三品顶戴，现具折谢恩，寄谕并折寄回。

余居母丧，并未在家守制，清夜自思，踽踽不安。若仗皇上天威，江面渐次肃清，即当奏明回籍，事父祭母，稍尽人子之心。诸弟及儿侄辈务宜体我寸心，于父亲饮食起居十分检点，无稍疏忽；于母亲祭品礼仪必洁必诚；于叔父处敬爱兼至，无稍隔阂。兄弟姒娣，总不可有半点不和之气。

凡一家之中，勤敬二字能守得几分，未有不兴；若全无一分，未有不败。和字能守得几分，未有不兴；不和未有不败者。诸弟试在乡间将此三字于族戚人家历历验之，必以吾言为不谬也。诸弟不好收拾洁净，比我尤甚，此是败家气象。嗣后务宜细心收拾，即一纸一缕，竹头木屑，皆宜捡拾伶俐，以为儿侄之榜样。一代疏懒，二代淫佚，则必有昼睡夜坐、吸食鸦片之渐矣。四弟、九弟较勤，六弟、季弟较懒，以后勤者愈勤，懒者痛改，莫使子侄学得怠惰样子，至要至要。子侄除读书外，教之扫屋、抹桌凳、收粪、锄草，是极好之事，切不可以为损架子而不为也。

咸丰四年八月十一日

致诸弟·切不宜干涉军政

书于南康府屏风水菅澄侯、温甫、子植、季洪四位老弟左右：

十月十三县城专人来营，接到父亲大人手谕，同日成章鉴来，又接植弟十五、十八日二函，具悉一切。

张德坚处寄书，至今尚未到。温弟得生一女，母子平安，甚慰甚慰。闻其侧室亦有梦熊之兆，想当再索得男也。

唐苹洲父台恺恻慈祥，吾邑士民爱戴。此际去任，自必攀辕挽留。留好官非干预公事可比，余之信所能止者，沅弟之信亦能止之，第不可早发，徒生疑窦耳。

澄弟带勇至株洲、朱亭等处，此间亦有此信。兹得沅弟信，知系康斗山、刘仙桥二人，澄弟实未管带，甚好甚好。

带勇之事，千难万难，任劳任怨，受苦受惊，一经出头，则一二三年不能离此苦恼。若似季弟吃苦数月便尔脱身，又不免为有识者所笑。余食禄有年，受国厚恩，自当尽心竭力办理军务，一息尚存，此志不懈。诸弟则当伏处山林，勤俭耕读，奉亲教子，切不宜干涉军政，恐无益于世，徒损于家，至嘱至嘱。

罗山分军在濠头堡失利，彭三元、李杏春殉难。有此一挫，武汉恐不能即复。浔阳周凤山一军、湖口李次青一军及水军平安如故。茶陵贼匪窜至江西，安福、永新失守，吉安府城戒严。在次青处调平江勇千三百人往援，周桌台亦带千余人往剿，不知能迅速扑灭否？

余癣疾日痊，营务平善，无劳挂虑。诸弟为我禀告父亲大人、叔父大人，千万放心。不一一具。

咸丰五年十月十四日

致诸弟·新妇始至吾家，教以勤俭

澄侯、温甫、子植、季洪四位老弟左右：

正月十九日发去家信，交王发六、刘照一送回，又派戈什哈萧玉振同送，想日内可到。正月三十日、二月一日连接澄侯在长沙所发四信，具悉一切。唐四、景三等正月所送之信，至今尚未到营。

江西军事，日败坏而不可收拾。周凤山腊月四日攻克樟树，不能乘势进取临江，失此机会。后在新淦迁延十余日，正月五日复回樟镇，因浮桥难成，未遽渡剿临江。吉安府城已于二十五日失守矣。周臬司、陈太守等坚守六十余日，而外援不至。城破之日，杀戮甚惨。伪翼王石达开自临江至吉安督战，既破吉郡，自回临江，而遣他贼分攻赣州，以通粤东之路。如使赣郡有失，则江西之西南五府尽为贼有。北路之九、南、饶本系屡经残破之区，九江早为贼据，仅存东路数府耳。

罗山观察久攻武昌，亦不得手。现经飞函调其回江救援，但道途多梗，不知文报可达否？刘印渠一军，闻湘省将筹两月口粮，计二月初启行，不知袁州等处果能得手否？

余在南康身体平安，癣疾已好十之七。

青山陆军正月十八日攻九江城一次，杀贼百余人。水师于二十九日打败仗一次，失去战舟六号。湖口陆军于初一日打胜仗一次，杀贼七八十人。省城官绅请余晋省，就近调度。余以南康水陆不放心，尚未定也。

纪泽儿定三月二十一日成婚，七日即回湘乡，尚不为久。诸事总须节省，新妇入门之日，请客亦不宜多。何者宜丰，何者宜俭，总求父亲大人定酌之。

纪泽儿授室太早，经书尚未读毕。上溯江太夫人来嫔之年，吾父亦系十八岁，然常就外傅读书，未久耽搁。纪泽上绳祖武，亦宜速就外傅，慎无虚度光阴。闻贺夫人博通经史，深明礼法。纪泽至岳家，须缄默寡言，循循规矩。其应行仪节，宜详问谙习，无临时忙乱，为岳母所鄙笑。少庚处以兄礼事之，此外若见各家同辈，宜格外谦谨，如见尊长之礼。

新妇始至吾家，教以勤俭。纺绩以事缝纫，下厨以议酒食。此二者，妇职之最要者也。孝敬以奉长上，温和以待同辈。此二者，妇道之最要者也。但须教之以渐，渠系富贵子女，未习劳苦，由渐而习，则日变月化而迁善不知。若改之太骤，则难期有恒。凡此祈诸弟一一告之。

江西各属告警，西路糜烂。子植若北上，宜走樊城，不宜走浙江或暂不北上亦可。优贡例在礼部考试，随时皆可补考，余昔在礼部阅卷数次，熟知之也。

咸丰六年二月初八日

谕纪泽·京师子弟之坏，未有不由于骄奢二字者

字谕纪泽儿：

接尔安禀，字画略长进，近日看《汉书》。余生平好读《史记》、《汉书》、《庄子》、《韩文》四书，尔能看《汉书》，是余所欣慰之一端也。

看《汉书》有两种难处：必先通于小学、训诂之书，而后能识其假借奇字；必先习于古文辞章之学，而后能读其奇篇奥句。尔于小学、古文两者皆未曾入门，则《汉书》中不能识之字、不能解之句多矣。欲通小学，须略看段氏《说文》、《经籍纂诂》二书。王怀祖（名念孙，高邮州人）先生有《读书杂志》，中于《汉书》之训诂极为精博，为魏晋以来释《汉书》者所不能及。

欲明古文，须略看《文选》及姚姬传之《古文辞类纂》二书。班孟坚最好文章，故于贾谊、董仲舒、司马相如、东方朔、司马迁、扬雄、刘向、匡衡、谷永诸传皆全录其著作；即不以文章名家者，如贾山、邹阳等四人传，严助、朱买臣等九人传，赵充国屯田之奏、韦元成议礼之疏，以及贡禹之章、陈汤之奏狱，皆以好文之故，悉载巨篇。如贾生之文，既著于本传，复载于《陈涉传》、《食货志》等篇；子云之文，既著于本传，复载于《匈奴传》、《王贡传》等篇；极之《充国赞》、《酒箴》，亦皆录入各传。

盖孟坚于典雅瑰玮之文，无一字不甄采。尔将《十二帝纪》阅毕后，且先读列传。凡文之为昭明暨姚氏所选者，则细心读

之；即不为二家所选，则另行标识之。若小学、古文二端略得途径，其于读《汉书》之道思过半矣。

世家子弟，最易犯一奢字、傲字。不必锦衣玉食而后谓之奢也，但使皮袍呢褂俯拾即是，舆马仆从习惯为常，此即日趋于奢矣。见乡人则嗤其朴陋，见雇工则颐指气使，此即日习于傲矣。《书》称"世禄之家，鲜克由礼"，《传》称"骄奢淫佚，宠禄过也"。京师子弟之坏，未有不由于骄奢二字者，尔与诸弟共戒之。至嘱至嘱。

咸丰六年十一月初五日

致诸弟·贵兄弟和睦，贵体孝道，要实行勤俭二字

澄侯、沅甫、季洪老弟左右：

十七日接澄弟初二日信，十八日接澄弟初五日信，敬悉一切。三河败挫之信，初五日家中尚无确耗，且县城之内毫无所闻，亦极奇矣。

九弟于二十二日在湖口发信，至今未再接信，实深悬系。幸接希庵信，言九弟至汉口后有书与渠，且专人至桐城、三河访寻下落，余始知沅甫弟安抵汉口，而久无来信，则不解何故。岂余近日别有过失，沅弟心不以为然耶？当此初闻三河凶报、手足急难之际，即有微失，亦当将皖中各事详细示我。

今年四月，刘昌储在我家请乩。乩初到，即判曰：赋得偃武修文，得闲字。字谜败字，余方讶败字不知何指。乩判曰："为

九江言之也，不可喜也。"予又讶九江初克，气机正盛，不知何所为而云，然乩又判曰："为天下，即为曾宅言之。"由今观之，三河之挫，六弟之变，正与"不可喜也"四字相应。岂非数皆前定耶？然祸福由天主之，善恶由人主之。由天主者无可如何，只得听之；由人主者，尽得一分算一分，撑得一日算一日。吾兄弟断不可不洗心涤虑，以求力挽家运。

第一，贵兄弟和睦。去年兄弟不和，以致今冬三河之变。嗣后兄弟当以去年为戒。凡吾有过失，澄、沅、洪三弟各进箴规之言，予必力为惩改；三弟有过，亦当互相箴规而惩改之。

第二，贵体孝道。推祖父母之爱以爱叔父，推父母之爱以爱温弟之妻妾儿女及兰、蕙二家。又父母坟域必须改葬，请沅弟作主，澄弟不可过执。

第三，要实行勤俭二字。内间妯娌不可多写铺账，后辈诸儿须走路，不可坐轿骑马，诸女莫太懒，宜学烧茶煮菜。书、蔬、鱼、猪，一家之生气；少睡多做，一人之生气。勤者生动之气，俭者收敛之气。有此二字，家运断无不兴之理。余去年在家，未将此二字切实做工夫，至今愧憾，是以谆谆言之。

咸丰八年十一月二十三日

致诸弟·起屋起祠堂

澄侯、沅甫、季洪三弟左右：

玉四等来，叔父大人病势稍加，得十三日优恤之旨，不知何如？顷又接十九日来函，知叔父病已略愈，欣慰欣慰。然温弟灵柩到家之时，我家祖宗有灵，能保得叔父不添病，六弟妇不过激烈，犹为不幸中之一幸耳。

此间兵事，凯章在景镇相持如故，所添调之平江三营、宝勇一营均已到防，或可稳扎。浚川在南康之新城墟打一大胜仗，夺伪印四十三颗，伪旗五百余面，皆解至建昌，甚为快慰。唯石达开尚在南安一带，悍贼亦多，不知究能扫荡否？吉中营以后常不离余左右，沅弟尽可放心。

起屋起祠堂，沅弟言外间訾议，沅自任之。余则谓外间之訾议不足畏，而乱世之兵燹不可不虑。如江西近岁，凡富贵大屋无一不焚，可为殷鉴。吾乡僻陋，眼界甚浅，稍有修造，已骇听闻，若太闳丽，则传播尤远。苟为一方首屈一指，则乱世恐难幸免。望弟再斟酌，于丰俭之间妥善行之。改葬先人之事，须将求富求贵之念消除净尽，但求免水、蚁以安先灵，免凶煞以安后嗣而已；若存一丝求富求贵之念，必为造物鬼神所忌。以吾所见所闻，凡已发之家，未有续寻得大地者。沅弟主持此事，务望将此意拿得稳，把得定。至要至要！

纪泽姻事，以古礼言之，则大祥后可以成婚再期为大祥；以吾乡旧俗言之，则除灵道场后可以成婚。吾因近日贼势尚旺，时事难测，颇有早办之意。

纪泽前两禀请心壶钞奏折，尽可行之，吾每月送修金二两。应钞之奏，不知家中有底稿否？钞一篇，可寄目录来一查，注明月日。纪泽之字，较之七年二三月间远不能逮。大约握笔宜高，能握至管顶者为上，握至管顶之下寸许者次之，握至毫以上寸许者亦尚可习。若握近毫根，则虽写好字，亦不久必退，且断不能写好事。吾验之于己身，验之于朋友，皆历历可征。纪泽以后宜握管略高，纵低亦须隔毫根寸余，又须用油纸摹帖，较之临帖胜十倍。

沅弟之字不可抛荒，如温弟哀辞、墓志及王考妣、考妣神道碑之类，余作就后，均须沅弟认真书写。《宾兴堂记》首段末惬，待日内改就，亦须沅弟写之。沅弟虽忧危忙乱之中，不可废习字工夫。亲戚中虽有漱六、筠仙善书，余因家中碑版，不拟倩外人书也。

咸丰九年二月大祥前一日

致四弟·书蔬鱼猪，早扫考宝

澄侯四弟左右：

二十七日刘得四来，接弟十三日信，欣悉各宅平安。沅弟是日申刻到，又得详问一切，敬知叔父临终毫无抑郁之情，至为慰念。

予与沅弟论治家之道，一切以星冈公为法，大约有八字诀。其四字即上年所称"书、蔬、鱼、猪"也；又四字则曰"早、扫、考、宝"。早者，起早也；扫者，扫屋也；考者，祖先祭祀，敬奉显考、王考、曾祖考，言考而妣可该也；宝者，亲族邻里，时时周旋，贺喜吊丧，问疾济急，星冈公常曰："人待人，无价之宝也。"星冈公生平于此数端最为认真，故余戏述为八字诀曰"书、蔬、鱼、猪、早、扫、考、宝"也。此言虽涉谐谑，而拟即写屏上，以祝贤弟夫妇寿辰，使后世子孙知吾兄弟家教，亦知吾兄弟风趣也。弟以为然否？顺问近好。

国藩手草

咸丰十年闰三月二十九日

致四弟·情意宜厚，用度宜俭

澄弟左右：

五月四日接弟二十一日县城一缄，得悉一切。"书、蔬、鱼、猪、早、扫、考、宝"横写八字，下用小字注出，此法最好，余必遵办，其次序则改为"考、宝、早、扫、书、蔬、鱼、猪"。凤台先生夫妇寿对，亦必写寄，目下因拔营南渡，诸务丛集，实有未能。

苏州之贼已破嘉兴，淳安之贼已至绩溪，杭州、徽州十分危急，江西亦可危之至。

余赴江南，先驻徽郡之祁门，内顾江西之饶州，催张凯章速来饶州会合。又札王梅村募三千人进驻抚州，保江西即所以保湖南也。札王人树仍来办营务处。不知七月均可赶到否？若此次能保全江西、两湖，则将来仍可克复苏、常，大局安危，所争只在六、七、八、九数月。

泽儿不知已起行来营否？弟为余照料家事，总以俭字为主。情意宜厚，用度宜俭，此居家居乡之要诀也。余寄回片纸只字，俱请建四兄妥收。即问近好。

国藩手草

咸丰十年五月十四日

致诸弟·弟等当随时遵规，无使我陷于不义

沅、季弟左右：

天晴三日，狗在北岸想狂噬矣。鲍、张皆于二十五日进兵，二十七八可攻休宁。贼是静守不出之象，恐难得手。得润帅信，北事决裂至此，薄海臣民，同深痛愤。初六日请旨之疏，不知道途能不梗塞否？

余忝居高位，凡有应尽之职，应办之事，弟等当随时遵规，无使我陷于不义。昨有公牍，饬弟挑一哨，刘、李挑一哨，亦不必尽挑好手，一半上选，一半次选，或三分上选，七分次选皆可。恐弟处正吃紧之际，无好手打仗也。毕君碑写得好，远胜于林君碑，但不知能办如此大石否？

咸丰十年九月二十六日

谕纪泽·家中断不可积钱，断不可买田

字谕纪泽、纪鸿儿：

泽儿在安庆所发各信及在黄石矶、湖口之信，均已接到。鸿儿所呈拟连珠体寿文，初七日收到。

余以初九日出营至黟县查阅各岭，十四日归营，一切平安。鲍超、张凯章二军，自二十九、初四获胜后未再开仗。杨军门带水陆三千余人至南陵，破贼四十余垒，拔出陈大富一军。此近日最可喜之事。英夷业已就抚，余九月六日请带兵北援一疏奉旨无庸前往，余得一意办东南之事，家中尽可放心。

泽儿看书天分高，而文笔不甚劲挺，又说话太易，举止太轻，此次在祁门为日过浅，未将一轻字之弊除尽，以后须于说话走路时刻刻留心。鸿儿文笔劲健，可慰可喜。此次连珠文，先生改者若干字？拟体系何人主意？再行详禀告我。银钱、田产最易长骄气逸气，我家中断不可积钱，断不可买田，尔兄弟努力读书，决不怕没饭吃。至嘱。澄叔此次未写信，尔禀告之。

闻邓世兄读书甚有长进，顷阅贺寿之单帖寿禀，书法清润，兹付银十两，为邓汪汇买书之资。此次未写信寄寅阶先生，前有信留明年教书，仍收到矣。

咸丰十年十月十六日

致诸弟·以勤苦为体，谦逊为用

沅弟、季弟左右：

接信，知北岸日内尚未开仗。此间鲍、张于十五日获胜，破万安街贼巢。十七日获胜，破休宁东门外二垒，鲍军亦受伤百余人。正在攻剿得手之际，不料十九日未刻，石埭之贼破羊栈岭而入，新岭、桐林岭同时被破。张军前后受敌，全局大震，比之徽州之失，更有甚焉。

余于十一日亲登羊栈岭，为大雾所迷，目无所睹。十二日登桐林岭，为大雪所阻。今失事恰在此二岭，岂果有天意哉？目下张军最可危虑，其次则祁门老营，距贼仅八十里，朝发夕至，毫无遮阻。现讲求守垒之法，贼来则坚守以待援师，倘有疏虞，则志有素定，断不临难苟免。

回首生年五十，除学问未成尚有遗憾外，余差可免于大戾。贤弟教训后辈子弟，总以勤苦为体，谦逊为用，以药佚骄之积习，余无他嘱。

咸丰十年十月二十日

致四弟·怕子侄习于骄、奢、逸三字

澄侯四弟左右：

十月二十三夜接弟初五日信，知在敦德堂为显考作庆生道场，五宅平安，至以为慰。

此间于十九日忽被大股贼匪窜入羊栈岭，去祁门老营仅六十里，人心大震。幸鲍、张两军于二十日、二十一日大战获胜，克复黟县，追贼出岭，转危为安。此次之险，倍于八月二十五徽州失守时也。现贼中伪侍王李世贤、伪忠王李秀成、伪辅王杨雄清，皆在徽境与兄作对。伪英王陈玉成在安庆境与多、礼、沅、季作对。军事之能否支持，总在十月、十一月内见大分晓。

陈愚谷之对联，俟下次付回。鼎三请先生，余心中实无其人，候沅、季定夺。甲三十月初六至武穴，此时计将抵家。余在外无他虑，总怕子侄习于骄、奢、逸三字。家败，离不得个奢字；人败，离不得个逸字；讨人嫌，离不得个骄字。弟切戒之。即问近好。

国藩手草

咸丰十年十月二十四日

致四弟·戒傲戒惰，保家之道也

澄侯四弟左右：

自十一月来，奇险万状，风波迭起。文报不通者五日，饷道不通者二十余日。自十七日唐桂生克复建德，而皖北沅、季之文报始通。自鲍镇二十八日至景德镇，贼退九十里，而江西饶州之饷道始通。若左、鲍二公能将浮梁、鄱阳等处之贼逐出江西境外，仍从建德窜出，则风波渐乎，而祁门可庆安稳矣。

余身体平安。此一月之惊恐危急，实较之八月徽、宁失守时险难数倍。余近年在外，问心无愧，死生祸福，不甚介意。唯接到英、法、米各国通商条款，大局已坏，令人心灰。兹付回二本，与弟一阅。时事日非，吾子侄辈总以谦勤二字为主。戒傲戒惰，保家之道也。即问近好。

国藩手草

咸丰十年十二月初四日

致四弟·谨记祖父之八个字、三不信

澄侯四弟左右：

上次送家信者三十五日即到，此次专人四十日未到，盖因乐平、饶州一带有贼，恐中途绕道也。

自十二日克复休宁后，左军分出八营在于甲路地方小挫，退扎景镇。贼幸未跟踪追犯，左公得以整顿数日，锐气尚未大减。目下左军进剿乐平、鄱阳之贼。鲍公一军，因抚、建吃紧，本调渠赴江西省，先顾根本，次援抚、建。因近日鄱阳有警，景镇可危，又暂留鲍军不遽赴省。胡宫保恐狗逆由黄州下犯安庆沅弟之军，又调鲍军救援北岸。其祁门附近各岭，二十三日又被贼破两处。

数月以来，实属应接不暇，危险迭见。而洋鬼又纵横出入于安庆、湖口、湖北、江西等处，并有欲来祁门之说。看此光景，今年殆万难支持。然余自咸丰三年冬以来，久已以身许国，愿死疆场，不愿死牖下，本其素志。近年在军办事，尽心竭力，毫无愧怍，死即瞑目，毫无悔憾。

家中兄弟子侄，唯当记祖父之八个字，曰"考、宝、早、扫、书、蔬、鱼、猪"。又谨记祖父之三不信，曰"不信地仙，不信医药，不信僧巫"。余日记册中又有八本之说，曰"读书以训诂为本，作诗文以声调为本，事亲以得欢心为本，养生以戒恼怒为本，立身以不妄语为本，居家以不晏起为本，作官以不要钱为本，行军以不扰民为本"。此八本者，皆余阅历而确有把握之论，弟亦当教诸子侄谨记之。无论世之治乱，家之贫富，但能守星冈公之八字与余之八本，总不失为上等人家。余每次写家信，必谆谆嘱咐，盖因军事危急，故预告一切也。

余身体平安。营中虽欠饷四月，而军心不甚涣散，或尚能支持亦未可知。家中不必悬念。

咸丰十一年二月二十四日

谕纪泽·居家之道，唯崇俭可以长久

字谕纪泽：

八月二十日胡必达、谢荣凤到，接尔母子及澄叔三信，并《汉魏》、《百家》、《圣教序》三帖。二十二日谭在荣到，又接尔及澄叔二信，具悉一切。

蔡迎五竟死于京口江中，可异可悯！兹将其口粮三两补去外，以银二十两赈恤其家。朱运四先生之母仙逝，兹寄去奠仪银八两。蕙姑娘之女一贞于今冬发嫁，兹付去奁仪十两。家中可分别妥送。大女儿择于十二月初三日发嫁，袁家已送期来否？余向定妆奁之资二百金，兹先寄百金回家，制备衣物，余百金俟下次再寄。其自家至袁家途费暨六十侄女出家奁仪，均俟下次再寄也。居家之道，唯崇俭可以长久，处乱世尤以戒奢侈为要义，衣服不宜多制，尤不宜大镶大缘，过于绚烂。尔教导诸妹，敬听父训，自有可久之理。

牧云舅氏书院一席，余已函托寄云中丞，沅叔告假回长沙，当面再一提及，当无不成。余身体平安。二十一日成服哭临，现在三日已毕。疮尚未好，每夜搔痒不止，幸不甚为害。满叔近患疟疾，二十二日全愈矣。此次未写澄叔信，尔将此呈阅。

咸丰十一年八月二十四日

谕纪鸿·嫁女不可贪恋母家富贵

字谕纪鸿：

接尔澄叔七月十八日信并尔寄泽儿一函，知尔奉母于八月十九日起程来皖，并三女与罗婿一同前来。

现在金陵未复，皖省南北两岸群盗如毛，尔母及四女等姑嫂来此，并非久住之局。大女理应在袁家侍姑尽孝，本不应同来安庆，因榆生在此，故吾未尝写信阻大女之行。若三女与罗婿，则尤应在家事姑事母，尤可不必同来。余每见嫁女贪恋母家富贵而忘其翁姑者，其后必无好处。余家诸女当教之孝顺翁姑，敬事丈夫，慎无重母家而轻夫家，效浇俗小家之陋习也。三女夫妇若尚在县城、省城一带，尽可令之仍回罗家奉母奉姑，不必来皖。若业已开行，势难中途折回，则可同来安庆一次。小住一月二月，余再派人送归。其陈婿与二女，计必在长沙相见，不可带之同来。侯此间军务大顺，余寄信去接可也。

同治二年八月初四日

致四弟·爱惜物力，不失寒士之家风

澄弟左右：

围山嘴桥稍嫌用钱太多，南塘竟希公祠宇亦尽可不起。沅弟有功于国，有功于家，千好千好，但规模太大，手笔太廓，将来难乎为继。吾与弟当随时斟酌，设法裁减。

此时竟希公祠宇业将告竣，成事不说，其星冈公祠及温甫、事恒两弟之祠皆可不修，且待过十年之后再看。至嘱至嘱。

余往年撰联赠弟，有"俭以养廉，直而能忍"二语。弟之直人人知之，其能忍则为阿兄所独知；弟之廉人人料之，其不俭则阿兄所不及料也。以后望弟于俭字加一番工夫，用一番苦心。不特家常用度宜俭，即修造公费，周济人情，办须有一俭字意思。总之，爱惜物力，不失寒士之家风而已。弟以为然否？

同治二年十一月十四日

致四弟·有福不可享尽，有势不可使尽

澄弟左右：

震四果尔早逝，四妹适朱家，万缘皆空。吾骨肉中今年何多

变也！老弟终日奔驰劳苦，深为系念。

沅弟病愈，闻每日骑行百余里。余命泽儿往看沅病，初二归来云"尽可放心"，但体亦弱矣。弟能从此少管公事，甚慰甚慰。

余蒙先人余荫忝居高位，与诸弟及子侄谆谆慎守者，但有二语曰"有福不可享尽，有势不可使尽"而已。福不多享，故总以俭字为主，少用仆婢，少花银钱，自然惜福矣。势不多使，则少管闲事，少断是非，无感者亦无怕者，自然悠久矣。

同治三年六月初四日

致四弟·凡家道所以可久者，
不恃一时之官爵，而恃长远之家规

澄弟左右：

乡间谷价日贱，禾豆畅茂，尤是升平景象，极慰极慰。

贼自三月下旬退出曹、郓之境，幸保山东运河以东各属，而仍蹂躏于曹、宋、徐、泗、凤、淮诸府，彼剿此窜，倏往忽来。直至五月下旬，张、牛各股始窜至周家口以西，任、赖各股始窜至太和以西。大约夏秋数月，山东、江苏可以高枕无忧，河南、皖、鄂又必手忙脚乱。

余拟于数日内至宿迁、桃源一带察看堤墙，即由水路上临淮而至周家口。盛暑而坐小船，是一极苦之事，因陆路多被水淹，雇车又甚不易，不得不改由水程。余老境日逼，勉强支持一年半载，实不能久当大任矣。

　　因思吾兄弟体气皆不甚健，后辈子侄尤多虚弱，宜于平日讲求养生之法，不可于临时乱投药剂。养生之法，约有五事，一曰眠食有恒，二曰惩忿，三曰节欲，四曰每夜临睡洗脚，五曰每日两饭后各行三千步。惩忿，即余匾中所谓养生以少恼怒为本也。眠食有恒及洗脚二事，星冈公行之四十年，余亦学行有七年矣。饭后三千步近日试行，自矢永不间断。弟从前劳苦太久，年近五十，愿将此五事立志行之，并劝沅弟与诸子侄行之。

　　余与沅弟同时封爵开府，门庭可谓极盛，然非可常恃之道。记得己亥正月星冈公训竹亭公曰："宽一虽点翰林，我家仍靠作田为业，不可靠他吃饭。"此语最有道理，今亦当守此二语为命脉。望吾弟专在作田上用些工夫，辅之以"书、蔬、鱼、猪，早、扫、考、宝"八字，任凭家中如何贵盛，切莫全改道光初年之规模。凡家道所以可久者，不恃一时之官爵，而恃长远之家规；不恃一二人之骤发，而恃大众之维持。我若有福罢官回家，当与弟竭力维持。老亲旧眷，贫贱族党，不可怠慢，待贫者亦与富者一般，当盛时预作衰时之想，自有深固之基矣。

同治五年六月初五日

谕纪泽、纪鸿·妇女须讲求纺绩酒食二事

字谕纪泽、纪鸿：

　　十六日在济宁开船，二十四至宿迁。小舟酷热，昼不干汗，夜不成寐，较之去年赴临淮时困苦倍之。

　　吾家门第鼎盛，而居家规模礼节总未认真讲求。历观古来世家久长者，男子须讲求耕读二事，妇女须讲求纺绩酒食二事。《斯干》之诗，言帝王居室之事，而女子重在酒食是议。《家人》卦，以二爻为主，重在中馈。《内则》一篇，言酒食者居半。故吾屡教儿妇诸女亲主中馈，后辈视之若不要紧，此后还乡居家，妇女纵不能精于烹调，必须常至厨房，必须讲求作酒作醢醢小菜之类。尔等亦须留心于莳蔬养鱼。此一家兴旺气象，断不可忽。纺绩虽不能多，亦不可间断。大房唱之，四房皆和之，家风自厚矣。至嘱至嘱。

同治五年六月二十六日，宿迁

致四弟·以钱少产薄为妙

澄弟左右：

　　久未接弟信，唯沅弟信言哥老会一事，粗知近况。吾乡他无足虑，唯散勇回籍者太多，恐其无聊生事，不独哥老会一端而已。又米粮酒肉百物昂贵，较之徐州、济宁等处数倍，人人难于度日，亦殊可虑。

　　吾兄弟处此时世，居此重名，总以钱少产薄为妙。一则平日免于觊觎，仓卒免于抢掠；二则子弟略见窘状，不至一味奢侈。纪泽母子八月即可回湘，一切请弟照料。"早、扫、考、宝，书、蔬、鱼、猪"八字，是吾家历代规模。吾自嘉庆末年至道光十九年，见王考星冈公日日有常，不改此度。不信医药、地仙、和尚、师巫、祷祝等事，亦弟所一一亲见者。吾辈守得一分，则家道多保得几年，望弟督率纪泽及诸侄切实行之。富圫木器不全，请弟为我买木器，但求坚实，不尚雕镂，漆水却须略好，乃可经久。屋宇不尚华美，却须多种竹柏，多留菜园，即占去田亩，亦自无妨。

吾自济宁起行至宿迁，奇热不复可耐，登岸在庙住九日，今日始开船行至桃源。计由洪泽湖溯淮至周家口，当在八月初矣。身体平安，唯目光益蒙，怕热益甚，盖老人之常态也。

同治五年七月初六日

致四弟·家中要得兴旺，全靠出贤子弟

澄弟左右：

余于十月二十五日接入觐之旨，次日写信召纪泽来营，厥后又有三次信止其勿来，不知均接到否？自十一月初六接奉回江督任之旨，十七日已具疏恭辞；二十八日又奉旨令回本任，初三日又具疏恳辞。如再不获命，尚当再四疏辞。但受恩深重，不敢遽求回籍，留营调理而已。

余从此不复作官。同乡京官，今冬炭敬犹须照常馈送。昨令李翥汉回湘送罗家二百金，李家二百金，刘家百金，昔年曾共患难者也。

前致弟处千金，为数极少，自有两江总督以来，无待胞弟如此之薄者。然处兹乱世，钱愈多则患愈大，兄家与弟家总不宜多

存现银。现钱每年足敷一年之用，便是天下之大富，人间之大福。家中要得兴旺，全靠出贤子弟，若子弟不贤不才，虽多积银积钱积谷积产积衣积书，总是枉然。子弟之贤否，六分本于天生，四分由于家教。吾家代代皆有世德明训，唯星冈公之教尤应谨守牢记。吾近将星冈公之家规，编成八句，云：

书蔬鱼猪，考早扫宝；常说常行，八者都好；

地命医理，僧巫祈祷，留客久住，六者俱恼。

盖星冈公于地、命、医、僧、巫五项人进门便恼，即亲友远客久住亦恼。此八好六恼者，我家世世守之，永为家训，子孙虽愚，亦必略有范围也。

同治五年十二月初六日

致夫人·从勤俭耕读上做出好规模

欧阳夫人左右：

自余回金陵后，诸事顺遂。唯天气亢旱，虽四月二十四、五月初三日两次甘雨，稻田尚不能栽插，深以为虑。科一出痘，非常危险，幸祖宗神灵庇佑，现已全愈发体，变一结实模样。十五日满两个月后，即当遣之回家，计六月中旬可以抵湘。如体气日旺，七月中旬赴省乡试可也。

余精力日衰，总难多见人客。算命者常言十一月交癸运，即不吉利，余亦不愿久居此官，不欲再接家眷东来。夫人率儿妇辈在家，须事事立个一定章程。居官不过偶然之事，居家乃是长久之计，能从勤俭耕读上做出好规模，虽一旦罢官，尚不失为兴旺气象。若贪图衙门之热闹，不立家乡之基业，则罢官之后，便觉气象萧索。凡有盛必有衰，不可不预为之计。望夫人教训儿孙妇女，常常作家中无官之想，时时有谦恭省俭之意，则福泽悠久，余心大慰矣。余身体安好如常。唯眼蒙日甚，说话多则舌头蹇涩，左牙疼甚，而不甚动摇，不至遽脱，堪以告慰。顺问近好。

同治六年五月初五日，午刻

治学卷

禀父亲·总以发愤读书为主

男国藩跪禀父亲大人万福金安：

五月十八日发家信第八号，知家中已经收到。六月初七发第九号，内有男呈祖父禀一件，国荃寄四弟信一件。七月初二发第十号，内有黄芽白菜子，不知俱已收到否？

男等接得父亲归途三次信：一系河间二十里铺发，一汴梁城发，一武昌发。又长沙发信亦收到。六月二十九接丹阁叔信。七月初九彭山屺到京，接到四弟在省所寄《经世文编》一部，慎诒堂《四书》、《周易》各一部，小皮箱三口，有布套龙须草席一床，信一件，又叔父手书，得悉一切：谱已修好，楚善叔事已有成局。彭山屺处兑钱四十千文。外楚善叔信一件，岳父信一件。七月二十七日接到家信二件，一系五月十五在家写，一系六月二十七在省写。外欧阳牧云信一，曾香海信一，心斋家信二，荆七信一，俱收到。

彭山屺进京，道上为雨泥所苦，又值黄河水涨，渡河时大费力，行李衣服皆湿。唯男所寄书，渠收贮箱内，全无潮损，真可感也！到京又以腊肉、莲茶送男。渠于初九晚到，男于十三日请酒，十六日将四十千钱交楚。渠于十八日赁住黑市，离城十八里，系武会试进场之地，男必去送考。

男在京身体平安。国荃亦如常。男妇于六月二十三四感冒，服药数帖全愈，又服安胎药数帖。孙纪泽自病全愈后，又服补剂十余帖，辰下体已复元，每日行走欢呼，虽不能言，已无所不知。食粥一大碗，不食零物。仆婢皆如常。周贵已荐随陈云心回南，其人蠢而负恩。萧祥已跟别人，男见其老成，加钱呼之复来。

男目下光景渐窘，恰有俸银接续，冬下又望外官例寄炭资，今年尚可勉强支持，至明年则更难筹画。借钱之难，京城与家乡相仿，但不勒追强逼耳。前次寄信回家，言添梓坪借项内，松轩叔兄弟实代出钱四十千，男可寄银回家，完清此项。近因完彭山屺项，又移徙房屋，用钱日多，恐难再付银回家。男现看定屋在绳匠胡同北头路东，准于八月初六日迁居。初二日已搬一香案去，取吉日也。棉花六条胡同之屋，王翰城言冬间极不吉，且言重庆下者不宜住三面悬空之屋，故遂迁移。绳匠胡同房每月大钱十千，收拾又须十余千。心斋借男银已全楚，渠家中付来银五百五十两，又有各项出息，渠言尚须借银出京，不知信否。

广东事前已平息，近又传闻异辞。参赞大臣隆文已病死，杨芳已告病回湖南。七月间又奉旨派参赞大臣特依顺往广东查办。八月初一日，又奉旨派玉明往天津，哈哴阿往山海关。

黄河于六月十四日开口，汴梁四面水围，幸不淹城。七月十六，奉旨派王鼎、慧成往河南查办。现闻泛溢千里，恐其直注洪泽湖。又闻将开捐名"豫工"，例办河南工程也。

男已于七月留须。楚善叔有信寄男，系四月写，备言其苦。近闻衡阳田已卖，应可勉强度日。戊戌冬所借十千二百，男曾言帮他，曾禀告叔父，未禀祖父大人，是男之罪，非渠之过。其余细微曲折，时成时否，时朋买，时独买，叔父信不甚详明。楚善叔信甚详，男不敢尽信。总之，渠但免债主追逼，即是好处。第目前无屋可住，不知何处安身？若万一老亲幼子栖托无所，则流离四徙，尤可怜悯！以男愚见，可仍使渠住近处，断不可住衡阳。求祖父大人代渠谋一安居。若有余赀，则佃田耕作。又求父亲寄信问朱尧阶，备言楚善光景之苦与男关注之切，问渠所管产业可佃与楚善耕否？渠若允从，则男另有信求尧阶，租谷须格外从轻。但路太远，至少亦须耕六十亩方可了吃。尧阶寿屏，托心斋带回。

严丽生在湘乡不理公事，簠簋不饬，声名狼藉，如查有真实劣迹，或有上案，不妨抄录付京。因有御史在男处查访也，但须机密。

四弟、六弟考试不知如何？得不足喜，失不足忧，总以发愤读书为主。史宜日日看，不可间断。九弟阅《易知录》，现已看至隋朝。温经先穷一经，一经通后，再治他经，切不可兼营并骛，一无所得。厚二总以书熟为主，每日读诗一首。

右谨禀父母亲大人万福金安。

道光二十一年八月初三日

禀父母·些小得失不足患，特患业之不精耳

男国藩跪禀父母亲大人万福金安：

六月二十八日接到家书，系三月二十四日所发，知十九日四弟得生子，男等合室相庆。四妹生产虽难，然血晕亦是常事，且此次既能保全，则下次较为容易。男未得信时，常以为虑，既得此信，如释重负。

六月底，我县有人来京捐官（王道缢）。渠在宁乡界住，言四月县考时，渠在城内并在彭兴歧（云门寺），丁信风两处面晤四弟、六弟，知案首是吴定五。男十三年在陈氏宗祠读书，定五才发蒙作起讲，在杨畏斋处受业。去年闻吴春冈说定五甚为发奋，今果得志，可谓成就甚速。其余前十名及每场题目，渠已忘记，后有信来，乞四弟写出。

四弟、六弟考运不好，不必挂怀。俗语云：不怕进得迟，只要中得快。从前邵丹畦前辈（甲名），四十三岁入学，五十二岁作学政，现任广西藩台。汪郎渠鸣相于道光十二年入学，十三年点状元。阮芸台元前辈于乾隆五十三年县、府试皆未取头场，即于其年入学中举，五十四年点翰林，五十五年留馆，五十六年大考第一，比放浙江学政，五十九年升浙江巡抚。些小得失不足患，特患业之不精耳。两弟场中文若得意，可将原卷领出寄京，若不得意，不寄可也。

男等在京平安。纪泽兄妹二人体甚结实，皮色亦黑。

逆夷在江苏滋扰，于六月十一日攻陷镇江，有大船数十只在大江游弋，江宁、扬州二府颇可危虑。然而天不降灾，圣人在上，故京师人心镇定。

同乡王翰城（继贤，黔阳人，中书科中书）告假出京，男与陈岱云亦拟送家眷南旋，与郑莘田、王翰城四家同队出京郑名世任，给事中，现放贵州贵西道。男与陈家本于六月底定计，后于七月初一请人扶乩（另纸录出大仙示语），似可不必轻举妄动，是以中止。现在男与陈家仍不送家眷回南也。

同县谢果堂先生兴峣来京。为其次子捐盐大使，男已请至寓陪席。其世兄与王道隆尚未请，拟得便亦须请一次。

正月间俞岱青先生出京，男寄有鹿脯一方，托找彭山屺转寄，俞后托谢吉人转寄，不知到否？又四月托李昺冈荣灿寄银寄笔，托曹西垣寄参，并交陈季牧处，不知到否？前父亲教男养须之法，男仅留上唇须，不能用水浸透，色黄者多，黑者少，下唇拟待三十六岁始留。男每接家信，嫌其不详，嗣后更愿详示。

男谨禀

道光二十二年七月初四日

致诸弟·为学譬如熬肉，
先须用猛火煮，然后用漫火温

四位老弟足下：

九弟行程，计此时可以到家。自任邱发信之后，至今未接到第二封信，不胜悬悬，不知道上不甚艰险否？四弟、六弟院试计此时应有信，而折差久不见来，实深悬望。

予身体较九弟在京时一样，总以耳鸣为苦。问之吴竹如，云只有静养一法，非药物所能为力。而应酬日繁，予又素性浮躁，何能着实养静？拟搬进内城住，可省一半无谓之往还，现在尚未找得。予时时自悔，终未能洗涤自新。九弟归去之后，予定刚日读经、柔日读史之法。读经常懒散不沉着。读《后汉书》，现已丹笔点过八本，虽全不记忆，而较之去年读《前汉书》，领会较深。九月十一日起同课人议每课一文一诗，即于本日申刻用白折写。予文、诗极为同课人所赞赏，然予于八股绝无实学，虽感诸君奖借之殷，实则自愧愈深也。待下次折差来，可付课文数篇回家。予居家懒做考差工夫，即借此课以摩厉考具，或亦不至临场窘迫耳。

吴竹如近日往来极密，来则作竟日之谈，所言皆身心国家大道理。渠言有窦兰泉者垿，云南人，见道极精当平实。窦亦深知予者，彼此现尚未拜往。竹如必要予搬进城住，盖城内镜海先生可以师事，倭艮峰先生、窦兰泉可以友事，师友夹持，虽懦夫亦有立志。予思朱子言"为学譬如熬肉，先须猛火煮，然后用漫火温"，予生平工夫全未用猛火煮过，虽略有见识，乃是从悟境得来，偶用功，亦不过优游玩索已耳，如未沸之汤，遽用漫火温之，将愈煮愈不熟矣。以是急思搬进城内，屏除一切，从事于克己之学。镜海、艮峰两先生亦劝我急搬，而城外朋友，予亦有思常见者数人，如邵蕙西、吴子序、何子贞、陈岱云是也。

蕙西尝言："'与周公瑾交，如饮醇醪。'我两人颇有此风味。"故每见辄长谈不舍。子序之为人，予至今不能定其品，然识见最大且精，尝教我云："用功譬若掘井，与其多掘数井而皆不及泉，何若老守一井，力求及泉而用之不竭乎？"此语正与予病相合，盖予所谓"掘井多而皆不及泉"者也！

何子贞与予讲字极相合，谓我真知大源，断不可暴弃。予尝谓天下万事万理皆出于乾坤二卦，即以作字论之：纯以神行，大气鼓荡，脉络周通，潜心内转，此乾道也；结构精巧，向背有法，修短合度，此坤道也。凡乾以神气言，凡坤以形质言。礼乐不可斯须去身，即此道也。乐本于乾，礼本于坤。作字而优游自得、真力弥满者，即乐之意也；丝丝入扣，转折合法，即礼之意也。偶与子贞言及此，子贞深以为然，谓渠生平得力尽于此矣。

陈岱云与吾处处痛痒相关，此九弟所知者也。

写至此，接得家书，知四弟、六弟未得入学，怅怅然。科名有无迟早，总由前定，丝毫不能勉强。吾辈读书，只有两事：一者进德之事，讲求乎诚正修齐之道，以图无忝所生；一者修业之事，操习乎记诵词章之术，以图自卫其身。进德之事难以尽言，至于修业以卫身，吾请言之：

卫身莫大于谋食。农工商，劳力以求食者也；士，劳心以求食者也。故或食禄于朝，教授于乡，或为传食之客，或为人幕之宾，皆须计其所业足以得食而无愧。科名者，食禄之阶也，亦须计吾所业将来不至尸位素餐，而后得科名而无愧。食之得不得，穷通由天作主，予夺由人作主；业之精不精，则由我作主。然吾未见业果精而终不得食者也。农果力耕，虽有饥馑，必有丰年；商果积货，虽有壅滞，必有通时；士果能精其业，安见其终不得科名哉？即终不得科名，又岂无他途可以求食者哉？然则特患业之不精耳。求业之精，别无他法，曰专而已矣。谚曰"艺多不养身"，一谓不专也。吾掘井多而无泉可饮，不专之咎也。诸弟总须力图专业。如九弟志在习字，亦不必尽废他业，但每日习字工夫，断不可不提起精神，随时随事，皆可触悟。四弟、六弟，吾不知其心有专嗜否？若志在穷经，则须专守一经；志在作制义，则须专看一家文稿；志在作古文，则须专看一家文集。作各体诗亦然，作试帖亦然，万不可以兼营并骛，兼营则必一无所能矣。切嘱切嘱！千万千万！

此后写信来，诸弟各有专守之业，务须写明，且须详问极言，长篇累牍，使我读其手书即可知其志向证见。凡专一业之人，必有心得，亦必有疑义。诸弟有心得，可以告我共赏之；有疑义，可以问我共析之。且书信既详，则四千里外之兄弟不啻晤言一室，乐何如乎！

予生平于伦常中，唯兄弟一伦抱愧尤深。盖父亲以其所知者尽以教我，而我不能以吾所知者尽教诸弟，是不孝之大者也。九弟在京年余，进益无多，每一念及，无地自容。嗣后我写诸弟信，总用此格纸，弟宜存留，每年装订成册。其中好处，万不可忽略看过。诸弟写信寄我，亦须用一色格纸，以便装钉。

谢果堂先生出京后来信并诗二首。先生年已六十余，名望甚重，与予见面，辄彼此倾心，别后又拳拳不忘，想见老辈爱才之笃。兹将诗并予送诗附阅，传播里中，使共知此老为大君子也。

予有大铜尺一方，屡寻不得，九弟已带归否？频年寄黄英白菜子，家中种之好否？在省时已买漆否？漆匠果用何人？信来并祈详示。

兄国藩手具

道光二十二年九月十八日

致诸弟·读经有一耐字诀

诸位老弟足下：

正月十五日接到四弟、六弟、九弟十二月初五日所发家信。四弟之信三页，语语平实，责我待人不恕，甚为切当。谓"月月书信，徒以空言责弟辈，却又不能实有好消息，令堂上阅兄之书，疑弟辈粗俗庸碌，使弟辈无地可容"云云，此数语，兄读之不觉汗下。

我去年曾与九弟闲谈，云：为人子者，若使父母见得我好些，谓诸兄弟俱不及我，这便是不孝；若使族党称道我好些，谓诸兄弟俱不如我，这便是不弟。何也？盖使父母心中有贤愚之分，使族党口中有贤愚之分，则必其平日有讨好底意思，暗用机计，使自己得好名声，而使其兄弟得坏名声，必其后日之嫌隙由此而生也。刘大爷、刘三爷兄弟皆想做好人，卒至视如仇雠，因刘三爷得好名声于父母、族党之间，而刘大爷得坏名声故也。今四弟之所责我者，正是此道理，我所以读之汗下。但愿兄弟五人，各各明白这道理，彼此互相原谅。兄以弟得坏名为忧，弟以兄得好名为快。兄不能使弟尽道得令名，是兄之罪；弟不能使兄尽道得令名，是弟之罪。若各各如此存心，则亿万年无纤芥之嫌矣。

至于家塾读书之说，我亦知其甚难，曾与九弟面谈及数十次矣。但四弟前次来书，言欲找馆出外教书。兄意教馆之荒功误事，较之家塾为尤甚，与其出而教馆，不如静坐家塾。若云一出家塾便有明师益友，则我境之所谓明师益友者，我皆知之，且已夙夜熟筹之矣。唯汪觉庵师及阳沧溟先生，是兄意中所信为可师者。然衡阳风俗，只有冬学要紧，自五月以后，师弟皆奉行故事而已。同学之人，类皆庸鄙无志者，又最好讪笑人（其笑法不一，总之不离乎轻薄而已。四弟若到衡阳去，必以翰林之弟相笑，薄俗可恶）。乡间无朋友，实是第一恨事，不唯无益，且大有损。习俗染人，所谓与鲍鱼处，亦与之俱化也。兄尝与九弟道及，谓衡阳不可以读书，涟滨不可以读书，为损友太多故也。

今四弟意必从觉庵师游，则千万听兄嘱咐，但取明师之益，无受损友之损也。接到此信，立即率厚二到觉庵师处受业。其束修，今年谨具钱十挂，兄于八月准付回，不至累及家中，非不欲从丰，实不能耳。兄所最虑者，同学之人无志嬉游，端节以后放散不事事，恐弟与厚二效尤耳。切戒切戒。凡从师必久而后可以获益，四弟与季弟今年从觉庵师，若地方相安，则明年仍可从游；若一年换一处，是即无恒者，见异思迁也，欲求长进，难矣。此以上答四弟信之大略也。

六弟之信，乃一篇绝妙古文，排奡似昌黎，拗很似半山。予论古文，总须有倔强不驯之气，愈拗愈深之意，故于太史公外，独取昌黎、半山两家。论诗亦取傲兀不群者，论字亦然。每蓄此意而不轻谈。近得何子贞意见极相合，偶谈一二句，两人相视而笑。不知六弟乃生成有此一枝妙笔，往时见弟文，亦无大奇特者，今观此信，然后知吾弟真不羁才也。欢喜无极，欢喜无极！凡兄有所志而力不能为者，吾弟皆可为之矣。

信中言兄与君子讲学，恐其渐成朋党，所见甚是。然弟尽可放心，兄最怕标榜，常存暗然尚纲之意，断不至有所谓门户自表者也。信中言四弟浮躁不虚心，亦切中四弟之病，四弟当视为良友药石之言。信中又有"荒芜已久，甚无纪律"二语，此甚不是。臣子于君亲，但当称扬善美，不可道及过错；但当谕亲于道，不可疵议细节。兄从前常犯此大恶，但尚是腹诽，未曾形之笔墨。如今思之，不孝孰大乎是？常与阳牧云并九弟言及之，以后愿与诸弟痛惩此大罪。六弟接到此信，立即至父亲前磕头，并代我磕头请罪。

信中又言弟之牢骚，非小人之热中，乃志士之惜阴。读至此，不胜悯然，恨不得生两翅忽飞到家，将老弟劝慰一番，纵谈数日乃快。然向使诸弟已入学，则谣言必谓学院做情，众口铄金，何从辨起？所谓塞翁失马，安知非福，科名迟早实有前定，虽惜阴念切，正不必以虚名萦怀耳。

来信言看《礼记疏》一本半，浩浩茫茫，苦无所得，今已尽弃，不敢复阅，现读朱子《纲目》，日十余页云云。说到此处，兄不胜悔恨，恨早岁不曾用功，如今虽欲教弟，譬盲者而欲导人之迷途也，求其不误，难矣。然兄最好苦思，又得诸益友相质证，于读书之道，有必不可易者数端：穷经必专一经，不可泛骛。读经以研寻义理为本，考据名物为末。读经有一耐字诀。一句不通，不看下句；今日不通，明日再读；今年不精，明年再读，此所谓耐也。读史之法，莫妙于设身处地。每看一处，如我便与当时之人酬酢笑语于其间。不必人人皆能记也，但记一人，则恍如接其人；不必事事皆能记也，但记一事，则恍如亲其事。经以穷理，史以考事，舍此二者，更别无学矣。

盖自西汉以至于今，识字之儒约有三途：曰义理之学，曰考据之学，曰词章之学，各执一途，互相诋毁。兄之私意，以为义理之学最大，义理明，则躬行有要而经济有本；词章之学，亦所以发挥义理者也；考据之学，吾无取焉矣。此三途者，皆从事经史，各有门径。吾以为欲读经史，但当研究义理，则心一而不纷。是故经则专守一经，史则专熟一代，读经史则专主义理。此皆守约之道，确乎不可易者也。

若夫经史而外，诸子百家，汗牛充栋。或欲阅之，但当读一人之专集，不当东翻西阅。如读《昌黎集》，则目之所见，耳之所闻，无非昌黎，以为天地间除《昌黎集》而外，更别无书也。此一集未读完，断断不换他集，亦专字诀也。六弟谨记之。

读经，读史，读专集，讲义理之学，此有志者万不可易者也。圣人复起，必从吾言矣。然此亦仅为有大志者言之。若夫为科名之学，则要读四书文，读试帖律赋，头绪甚多。四弟、九弟、厚二弟天质较低，必须为科名之学。六弟既有大志，虽不科名可也，但当守一耐字诀耳。观来信，言读《礼疏》，似不能耐者，勉之勉之！

兄少时天分不甚低，厥后日与庸鄙者处，全无所闻，窃被茅塞久矣。及乙未到京后，始有志学诗、古文并作字之法，亦洎无良友。近年得一二良友，知有所谓经学者、经济者，有所谓躬行实践者，始知范、韩可学而至也，马迁、韩愈亦可学而至也，程、朱亦可学而至也。慨然思尽涤前日之污，以为更生之人，以为父母之肖子，以为诸弟之先导。无如体气本弱，耳鸣不止，稍稍用心，便觉劳顿，每自思念，天既限我以不能苦思，是天不欲成我之学问也。故近日以来，意颇疏散，计今年若可得一差，能还一切旧债，则将归田养亲，不复恋恋于利禄矣！粗识几字，不敢为非以蹈大戾已耳！不复有志于先哲矣。吾人第一以保身为要，我所以无大志愿者，恐用心太过，足以疲神也。诸弟亦须时时以保身为念，无忽无忽！

来信又驳我前书，谓"必须博雅有才，而后可明理有用"，所见极是。兄前书之意，盖以躬行为重，即子夏"贤贤易色章"之意，以为博雅者不足贵，唯明理者乃有用，特其立论过激耳。六弟信中之意，以为不博雅多闻，安能明理有用？立论极精，但弟须力行之，不可徒与兄辩驳见长耳。

来信又言四弟与季弟从游觉庵师，六弟、九弟仍来京中，或肆业城南云云。兄之欲得老弟共住京中也，其情如孤雁之求曹也。自九弟辛丑秋思归，兄百计挽留，九弟当能言之，及至去秋决计南归，兄实无可如何，只得听其自便。若九弟今年复来，则一岁之内忽去忽来，不特堂上诸大人不肯，即旁观亦且笑我兄弟轻举妄动。且两弟同来，途费须得八十金，此时实难措办，弟云能自为计，则兄窃不信。曹西垣去冬已到京，郭筠仙明年始起程，目下亦无好伴。唯城南肄业之说，则甚为得计。兄于二月间准付银二十两至金竺虔家，以为六弟、九弟省城读书之用。竺虔于二月起身南旋，其银四月初可到。

弟接到此信，立即下省肄业。省城中兄相好的如郭筠仙、凌笛舟、孙芝房，皆在别处坐书院；贺蔗农、俞岱青、陈尧农、陈庆覃诸先生皆官场中人，不能伏案用功矣。唯闻有丁君者（名叙忠，号秩臣，长沙廪生），学问切实，践履笃诚，兄虽未曾见面，而稔知其可师。凡与我相好者，皆极力称道丁君。两弟到省，先到城南住斋，立即去拜丁君（托陈季牧为介绍），执贽受业。凡人必有师，若无师，则严惮之心不生。既以丁君为师，此外择友则慎之又慎。昌黎曰："善不吾与，吾强与之附；不善不吾恶，吾强与之拒。"一生之成败，皆关乎朋友之贤否，不可不慎也。

来信以进京为上策，以肄业城南为次策。兄非不欲从上策，因九弟去来太速，不好写信禀堂上，不特九弟形迹矛盾，即我禀堂上亦必自相矛盾也。又目下实难办途费，六弟言能自为计，亦未历甘苦之言耳。若我今年能得一差，则两弟今冬与朱啸山同来甚好。目前且从次策，如六弟不以为然，则再写信来商议可也。此答六弟信之大略也。

九弟之信，写家事详甚，惜话说太短，兄则每每太长，以后截长补短为妙。尧阶若有大事，诸弟随去一人帮他几天。牧云接我长信，何以全无回信？毋乃嫌我话太直乎？扶乩之事，全不足信，九弟总须立志读书，不必想及此等事。季弟一切皆须听诸兄话。此次折弁走其急，不暇钞日记本，余容后告。冯树堂闻弟将到省城，写一荐条，荐两朋友。弟留心访之可也。

道光二十三年正月十七日

致六弟·多则必不能专

温甫六弟左右：

五月二十九、六月初一连接弟三月初一、四月二十五、五月初一三次所发之信，并四书文二首，笔仗实实可爱。信中有云"于兄弟则直达其隐，父子祖孙间不得不曲致其情"，此数语有大道理。余之行事，每自以为至诚可质天地，何妨直情径行。昨接四弟信，始知家人天亲之地，亦有时须委曲以行之者。吾过矣！吾过矣！

香海为人最好，吾虽未与久居，而相知颇深，尔以兄事之可也。丁秩臣、王衡臣两君，吾皆未见，人约可为尔之师。或师之，或友之，在弟自为审择。若果威仪可则，淳实宏通，师之可也；若仅博雅能文，友之可也。或师或友，皆宜常存敬畏之心，不宜视为等夷，渐至慢亵，则不复能受其益矣。

尔三月之信所定功课太多，多则必不能专，万万不可。后信言已向陈季牧借《史记》，此不可不熟看之书。尔既看《史记》，则断不可看他书。功课无一定呆法，但须专耳。余从前教诸弟，常限以功课，近来觉限人以课程，往往强人以所难，苟其不愿，虽日日遵照限程，亦复无益。故近来教弟但有一专字耳。专字之外，又有数语教弟，兹特将冷金笺写出，弟可贴之座右，时时省览，并抄一付寄家中三弟。

香海言时文须学《东莱博议》，甚是。尔先须过笔圈点一遍，然后自选几篇读熟。即不读亦可，无论何书，总须从首至尾通看一遍，不然，乱翻几页，摘抄几篇，而此书之大局精处茫然不知也。

学诗从《中州集》入亦好。然吾意读总集不如读专集。此事人人意见各殊，嗜好不同。吾之嗜好，于五古则喜读《文选》，于七古则喜读《昌黎集》，于五律则喜读《杜集》，七律亦最喜杜诗，而苦不能步趋，故兼读《元遗山集》。吾作诗最短于七律，他体皆有心得。惜京都无人可与畅语者。尔要学诗，先须看一家集，不要东翻西阅；先须学一体，不可各体同学，盖明一体则皆明也。凌笛舟最善为律诗，若在省，尔可就之求教。

习字临《千字文》亦可，但须有恒。每日临帖一百字，万万无间断，则数年必成书家矣。陈季牧最喜谈字，且深思善悟。吾见其寄岱云信，实能知写字之法，可爱可畏。尔可从之切磋，此等好学之友，愈多愈好。

来信要我寄诗回南，余今年身体不甚壮健，不能用心，故作诗绝少，仅作感春诗七古五章，慷慨悲歌，自谓不让陈卧子，而语太激烈，不敢示人。余则仅作应酬诗数首，了无可观。顷作寄贤弟诗二首，弟观之以为何如？京笔现在无便可寄，总在秋间寄回。若无笔写，暂向陈季牧借一支，后日还他可也。

兄国藩手草

道光二十三年六月初六日

致诸弟·绝大学问即在家庭日用之间

澄侯、叔淳、季洪三弟左右：

五月底连接三月一日、四月十八两次所发家信。四弟之信具见真性情，有困心横虑、郁积思通之象。此事断不可求速效，求速效必助长，非徒无益，而又害之。只要日积月累，如愚公之移山，终久必有豁然贯通之候，愈欲速则愈锢蔽矣。

来书往往词不达意，我能深谅其苦。今人都将学字看错了，若细读"贤贤易色"一章，则绝大学问即在家庭日用之间。于孝弟两字上，尽一分便是一分学，尽十分便是十分学。今人读书皆为科名起见，于孝弟伦纪之大，反似与书不相关。殊不知书上所载的，作文时所代圣贤说的，无非要明白这个道理。若果事事做得，即笔下说不出何妨？若事事不能做，并有亏于伦纪之大，即文章说得好，亦只算个名教中之罪人。贤弟性情真挚，而短于诗文，何不日日在孝弟两字上用功？《曲礼》、《内则》所说的，句句依他做出，务使祖父母、父母、叔父母无一时不安乐，无一时不顺适，下而兄弟妻子皆蔼然有恩，秩然有序，此真大学问也。若诗文不好，此小事，不足计，即好极，亦不值一钱。不知贤弟肯听此语否？科名之所以可贵者，谓其足以承堂上之欢也，谓禄仕可以养亲也。今吾已得之矣，即使诸弟不得，亦可以承欢，可以养亲，何必兄弟尽得哉？贤弟若细思此理，但于孝弟上用功，不于诗文上用功，则诗文不期进而自进矣。

凡作字总须得势，务使一笔可以走千里。三弟之字，笔笔无势，是以局促不能远纵。去年曾与九弟说及，想近来已忘之矣。九弟欲看余白折，余所写折子甚少，故不付。大铜尺已经寻得。付笔回南，目前实无妙便，俟秋间定当付还。

去年所寄牧云信未寄去，但其信前半劝牧云用功，后半劝凌云莫看地，实有道理。九弟可将其信钞一遍仍交与他，但将纺棉花一段删去可也。地仙为人主葬，害人一家，丧良心不少，未有不家败人亡者，不可不力阻凌云也。至于纺棉花之说，如直隶之三河县、灵寿县，无论贫富男妇，人人纺布为生，如我境之耕田为生也。江南之妇人耕田，犹三河之男人纺布也。湖南如浏阳之夏布，祁阳之葛布，宜昌之棉布，皆无论贫富男妇，人人依以为业，此并不足为骇异也，第风俗难以遽变，必至骇人听闻，不如删去一段为妙。书不尽言。

兄国藩手草

道光二十三年六月初六日

禀父母·看书与考试全不相碍

男国藩跪禀父母亲大人万福金安：

八月二十九日男发第十号信，备载二十八生女及率五回南事，不知已收到否？

男身体平安。冢妇月内甚好，去年月里有病，今年尽除去。孙儿女皆好。初十日顺天乡试发榜，湖南中三人，长沙周荇农中南元原名康立。率五之归，本拟附家心斋处。因率五不愿坐车，故附陈岱云之弟处，同坐粮船。昨岱云自天津归，云船不甚好，男颇不放心，幸船上人多，应无可虑。

诸弟考试后，尽肄业小罗巷庵，不知勤惰若何？此时唯季弟较小，三弟俱年过二十，总以看书为主。我境唯彭薄墅先生看书略多，自后无一人讲究者，大抵为考试文章所误。殊不知看书与考试全不相碍，彼不看书者，亦仍不利考如故也。我家诸弟，此时无论考试之利不利，无论文章之工不工，总以看书为急。不然则年岁日长，科名无成，学问亦无一字可靠，将来求为塾师而不可得。或经或史，或诗集文集，每日总宜看二十页。男今年以来，无日不看书，虽万事丛忙，亦不废正业。

闻九弟意欲与刘霞仙同伴读书。霞仙近来见道甚有所得，九弟若去，应有进益。望大人斟酌行之，男不敢自主。此事在九弟自为定计，若愧奋直前，有破釜沉舟之志，则远游不负；若徒悠忽因循，则近处尽可度日，何必远行百里外哉？求大人察九弟之志而定计焉。余容续呈。

男谨禀

道光二十四年九月十九日

致诸弟·吾人为学最要虚心

四位老弟足下：

前次回信内有四弟诗，想已收到。九月家信有送率五诗五首，想已阅过。吾人为学最要虚心。尝见朋友中有美材者，往往恃才傲物，动谓人不如己，见乡墨则骂乡墨不通，见会墨则骂会墨不通，既骂房官，又骂主考，未入学者则骂学院。平心而论，己之所为诗文，实亦无胜人之处，不特无胜人之处，而且有不堪对人之处。只为不肯反求诸己，便都见得人家不是，既骂考官，又骂同考而先得者。傲气既长，终不进功，所以潦倒一生而无寸进也。

予平生科名极为顺遂，唯小考七次始售。然每次不进，未尝敢出一怨言，但深愧自己试场之诗文太丑而已。至今思之，如芒在背。当时之不敢怨言，诸弟问父亲、叔父及朱尧阶便知。盖场屋之中，只有文丑而侥幸者，断无文佳而埋没者，此一定之理也。

三房十四叔非不勤读，只为傲气太胜，自满自足，遂不能有所成。京城之中，亦多有自满之人，识者见之，发一冷笑而已。又有当名士者，鄙科名为粪土，或好作诗古，或好讲考据，或好谈理学，嚣嚣然自以为压倒一切矣。自识者观之，彼其所造，曾无几何，亦足发一冷笑而已。故吾人用功，力除傲气，力戒自满，毋为人所冷笑，乃有进步也。

诸弟平日皆恂恂退让，第累年小试不售，恐因愤激之久，致生骄惰之心，故特作书戒之，务望细思吾言而深省焉，幸甚幸甚。

国藩手草

道光二十四年十月二十一日

致诸弟·学问之道无穷，而总以有恒为主

四位老弟足下：

前月寄信，想已接到。余蒙祖宗遗泽、祖父教训，幸得科名，内顾无所忧，外遇无不如意，一无所觖矣。所望者，再得诸弟强立，同心一力，何患令名之不显？何患家运之不兴？欲别立课程，多讲规条，使诸弟遵而行之，又恐诸弟习见而生厌心；欲默默而不言，又非长兄督责之道，是以往年常示诸弟以课程，近来则只教以有恒二字。所望于诸弟者，但将诸弟每月功课写明告我，则我心大慰矣。

乃诸弟每次写信，从不将自己之业写明，乃好言家事及京中诸事。此时家中重庆，外事又有我料理，诸弟一概不管可也。以后写信，但将每月作诗几首，作文几首，看书几卷，详细告我，则我欢喜无量。诸弟或能为科名中人，或能为学问中人，其为父

母之令子一也，我之欢喜一也。慎弗以科名稍迟，而遂谓无可自力也。如霞仙今日之身分，则比等闲之秀才高矣。若学问愈进，身分愈高，则等闲之举人、进士又不足论矣。

学问之道无穷，而总以有恒为主。兄往年极无恒，近年略好，而犹未纯熟。自七月初一起，至今则无一日间断，每日临帖百字，钞书百字，看书少亦须满二十页，多则不论。自七月起至今，已看过《王荆公文集》百卷，《归震川文集》四十卷，《诗经大全》二十卷，《后汉书》百卷，皆朱笔加圈批。虽极忙，亦须了本日功课，不以昨日耽搁而今日补做，不以明日有事而今日预做。诸弟若能有恒如此，则虽四弟中等之资，亦当有所成就，况六弟、九弟上等之资乎？

明年肄业之所，不知已有定否？或在家，或在外，无不可者。谓在家不可用功，此巧于卸责者也。吾今在京，日日事务纷冗，而犹可以不间断，况家中万万不及此间之纷冗乎？树堂、筠仙自十月起，每十日作文一首，每日看书十五页，亦极有恒。诸弟试将朱子《纲目》过笔圈点，定以有恒，不过数月即圈完矣。若看注疏，每经亦不过数月即完。切勿以家中有事而间断看书之课，又弗以考试将近而间断看书之课。虽走路之日，到店亦可看；考试之日，出场亦可看也。兄日夜悬望，独此有恒二字告诸弟，伏愿诸弟刻刻留心，幸甚幸甚。

兄国藩手草
道光二十四年十一月二十一日

致诸弟·须看一家之专集，不可读选本以汩没性灵

四位老弟足下：

二月有折差到京，余因眼蒙，故未写信。三月初三接到正月二十四所发家信，无事不详悉，忻喜之至。此次眼尚微红，不敢多作字，故未另禀堂上，一切详此书中，烦弟等代禀告焉。

去年所寄银，余有分馈亲族之意，厥后屡次信问，总未详明示悉。顷奉父亲示谕，云皆已周到，酌量减半。然以余所闻，亦有过于半者，亦有不及一半者。下次信来，务求九弟开一单告我为幸。

受恬之钱，既专使去取，余又有京信去，想必可以取回，则可以还江岷山、东海之项矣。岷山、东海之银，本有利息，余拟送他高丽参共半斤，挂屏、对联各一付，或者可少减利钱，待公车归时带回。父亲手谕要寄银百两回家，亦待公车带回。有此一项，则可以还率五之钱矣。率五想已到家，渠是好体面之人，不必时时责备他，唯以体面待他，渠亦自然学好。兰姊买田，可喜之至。唯与人同居，小事要看松些，不可在在讨人恼。

欧阳牧云要与我重订婚姻，我非不愿，但渠与其妹是同胞所生，兄妹之子女，犹然骨肉也。古者婚姻之道，所以厚别也，故同姓不婚。中表为婚，此俗礼之大失。譬如嫁女而号泣，奠礼而三献，丧事而用乐，此皆俗礼之失，我辈不可不力辨之。四弟以此义告牧云，吾徐当作信复告也。

罗芸皋于二月十八日到京。路上备尝辛苦，为从来进京者所未有。于二十七日在圆明园正大光明殿补行复试，湖南补复试者四人，予在园送考，四人皆平安，感予之情。今年新科复试，正场取一等三十七人，二三等人数甚多，四等十三人，罚停会试二科。补复者一等十人，二三等共百六十人，四等五人，亦罚停二科。立法之初，无革职者，可谓宽大。湘乡共到十人。邓铁松因病不能进场。渠吐血是老病，或者可保无虞。

芸皋所带小菜、布匹、茶叶俱已收到，但不知付物甚多，何以并无家信？四弟去年所寄诗已圈批寄还，不知收到否？汪觉庵师寿文，大约在八月前付到。五十已纳征礼成，可贺可贺。朱家气象甚好，但劝其少学官款，我家亦然。啸山接到咨文，上有"祖母已没"字样，甚为哀痛，归思极迫。予再三劝解，场后即来予寓同住。我家共住三人。郭二于二月初八到京，复试二等第八。上下合家皆清吉。余耳仍鸣，无他恙。内人及子女皆平安。树堂榜后要南归，将来择师尚未定。

六弟信中言功课在廉让之间，此语殊不可解。所需书籍，唯《子史精华》家中现有，准托公车带归。《汉魏百三家》京城甚贵，予已托人在扬州买，尚未接到。《稗海》及《绥寇纪略》亦贵，且寄此书与人，则必帮人车价，因此书尚非吾弟所宜急务者，故不买寄。元明名古文尚无选本，近来邵蕙西已选元文，渠劝我选明文，我因无暇，尚未选。古文选本唯姚姬传先生所选本最好，吾近来圈过一遍，可于公车带回，六弟用墨笔加圈一遍可也。

九弟诗大进，读之为之距跃三百，即和四章寄回。树堂、筠仙、意诚三君，皆各有和章。诗之为道，各人门径不同，难执一己之成见以概论。吾前教四弟学袁简斋，以四弟笔情与袁相近也。今观九弟笔情，则与元遗山相近。吾教诸弟学诗无别法，但须看一家之专集，不可读选本以汩没性灵，至要至要。吾于五七古学杜、韩，五七律学杜，此二家无一字不细看。外此则古诗学苏、黄，律诗学义山，此三家亦无一字不看。五家之外，则用功浅矣。我之门径如此，诸弟或从我行，或别寻门径，随人性之所近而为之可耳。

予近来事极繁，然无日不看书，今年已批韩诗一部，正月十八批毕。现在批《史记》，已三分之二，大约四月可批完。诸弟所看书望详示。邻里有事，亦望示知。

国藩手草

道光二十五年三月初五日

致诸弟·聘研生至吾乡教读

澄侯、温甫、子植、季洪四位老弟左右：

胡二等于初一日到营，接奉父大人手谕及诸弟信，具悉一切。

兄于二十日自汉口起行，二十一日至黄州，二十二日至堵城，以羊一豕一，为文祭吴甄甫师。二十三日过江至武昌县。二十四日在巴河晤郭雨三之弟，知其兄观亭在山西，因属邑失守革职，雨三现署两淮盐运使。二十九日至蕲州，是日水师大战获胜。初一、初四、初五陆军在田家镇之对岸半壁山大战获胜。初九、初十水师在蕲州开仗小胜。十三日水师大破田家镇贼防，烧贼船四千余号。

自有此军以来，陆路杀贼之多，无有过于初四之战；水路烧船之多，无有过于十三之役。现在前帮已至九江，吾尚驻田家镇，离九江百五十里。陆路之贼均在广济、黄梅一带，塔、罗于二十三日起行往剿。一切军事之详，均具奏报之中。兹并钞录寄回，祈敬呈父大人、叔父大人一览。

刘一、良五于二十日至田家镇，得悉家中老幼均吉，甚慰甚慰。魏荫亭先生既来军中，父大人命九弟教子侄读书，而九弟书来，坚执不肯，欲予另请明师。余意中实乏明师可以聘请，日内与霞、次及幕中诸君子熟商，近处唯罗研生兄是我心中佩仰之人。其学问具有本原，于《说文》、音学、舆地尤其所长，而诗、古文辞及行楷书法亦皆讲求有年。吾乡通经学古之士，以邹叔绩为最，而研生次之。其世兄现在余幕中，故请其写家信，聘研生至吾乡教读。研兄之继配陈氏，与耦庚先生为联襟，渠又明于风水之说，并可在吾乡选择吉地，但不知其果肯来否？渠现馆徐方伯处，未知能辞彼就此否？若果能来，足开吾邑小学之风，于温甫、子植亦不无裨益。若研兄不能来，则吾心中别无人。植弟坚不肯教，则乞诸弟为访择一师而延聘焉为要。甲三、甲五可同师，不可分开。科一、科三、科四亦可同师。余不一一，诸俟续布。

咸丰四年十月二十二日

致诸弟·读书不求强记

澄侯、温甫、子植、季洪四位老弟左右：

刘朝相来营，得植弟手书，具审一切。

内湖水师自六月十五日开仗后，至今平安。本拟令李次青带平江勇渡鄱湖之东，与水师会攻湖口，奈自六月底至今，十日大风，不克东渡。初四日风力稍息，平勇登舟。甫经解缆，狂飙大作，旋即折回，弁勇衣被账棚寸缕皆湿。天意茫茫，正未可知，不知湖口之贼运数不宜遽灭乎？抑此勇渡湖宜致败挫，故特阻其行以保全此军乎？现拟俟月半后请塔军渡湖会剿。

罗山进攻义宁，闻初四日可至界上，初五六日当可开仗。湖南三面用兵，骆中丞请罗山带兵回湘，业经入奏。如义宁能攻破，恐罗山须回湖南保全桑梓，则此间又少一枝劲旅矣。内湖水师船炮俱精，特少得力营官，现调彭雪琴来江，当有起色。

盐务充饷是一大好事，唯浙中官、商多思专利。邵位西来江会议，已有头绪，不知渠回浙后，彼中在事人能允行否？舍此一筹，则饷源已竭，实有坐困之势。

东安土匪，不知近日何如？若不犯邵阳界，则吾邑尚可不至震惊。

带兵之事，千难万难。澄弟带勇至衡阳，温弟带勇至新桥，幸托平安，嗣后总以不带勇为妙。吾阅历二年，知此中构怨之事、造孽之端，不一而足，恨不得与诸弟当面一一缕述之也。诸弟在家侍奉父亲，和睦族党，尽其力之所能为，至于练团带勇却不宜。澄弟在外已久，谅知吾言之具有苦衷也。

宽二弟去年下世，未寄奠分，至今歉然于心。兹付回银二十两为宽二奠金，望送交任尊叔夫妇手收。

植弟前信言身体不健，吾谓读书不求强记，此亦养身之道。凡求强记者，尚有好名之心横亘于方寸，故愈不能记；若全无名心，记亦可，不记亦可，此心宽然无累，反觉安舒，或反能记一二处亦未可知。此予阅历语也，植弟试一体验行之。余不一一，即问近好。

咸丰五年七月初八日

致四弟·须以勤敏行之

澄侯四弟左右：

二十八日，由瑞州营递到父大人手谕并弟与泽儿等信，具悉一切。

六弟在瑞州办理一应事宜尚属妥善，识见本好，气质近亦和平。九弟治军严明，名望极振。吾得两弟为帮手，大局或有转机。次青在贵溪尚平安，唯久缺口粮，又败挫之后，至今尚未克整顿完好。雪琴在吴城名声尚好，唯水浅不宜舟战，时时可虑。

余身体平安，癣疾虽发，较之往在京师则已大减。幕府乏好帮手，凡奏折、书信、批禀均须亲手为之，以是未免有延阁耳。余性喜读书，每日仍看数十页，亦不免抛荒军务，然非此则更无以自怡也。

纪泽看《汉书》，须以勤敏行之。每日至少亦须看二十页，不必惑于在精不在多之说。今日看半页，明日数页，又明日耽搁间断，或数年而不能毕一部。如煮饭然，歇火则冷，小火则不熟，须用大柴大火乃易成也。甲五经书已读毕否？须速点速读，不必一一求熟，恐因求熟之一字，而终身未能读完经书。

吾乡子弟，未读完经书者甚多，此后当力戒之。诸外甥如未读完经书，当速补之，至嘱至嘱。

咸丰六年十一月二十九日

致九弟·用功不求太猛，但求有恒

沅弟左右：

弟信言寄文每月六篇为率，余意每月三次，每次未满千字者则二篇，千字以上者则止一篇。选文之法，古人选三之二，本朝人选三之一，不知果当弟意否？

弟此时讲求奏议尚不为迟，不必过于懊悔。天下督抚二十余人，其奏疏有过弟者，有鲁卫者，有不及弟者。弟此时用功不求太猛，但求有恒。以弟攻金陵坚苦之力用之他事，又何事不可为乎？

同治四年正月二十四日

致诸弟·吾不望代代得富贵，但愿代代有秀才

澄弟、沅弟左右：

纪瑞侄得取县案首，喜慰无已。吾不望代代得富贵，但愿代代有秀才。秀才者，读书之种子也，世家之招牌也，礼教之旗帜也。谆嘱瑞侄从此奋勉加功，为人与为学并进，切戒骄奢二字，则家中风气日厚，而诸子侄争相濯磨矣。

吾自奉督办山东军务之命，初九、十三日两折皆已寄弟阅看，兹将两次批谕钞阅。

吾于二十五日启行登舟，在河下停泊三日，待遣回之十五营一概开行，带去之六营一概拔队，然后解维长行。茂堂不愿久在北路，拟至徐州度暑后，九月间准茂堂还湘。勇丁有不愿留徐州者，亦听随茂堂归。总使吉中全军人人荣归，可去可来，无半句闲话惹人谈论，沅弟千万放心。

余舌尖蹇涩，不能多说话，诸事不甚耐烦，幸饮食如常耳。

沅弟湿毒未减，悬系之至。药物断难奏效，总以能养能睡为妙。

同治四年五月二十五日

致诸弟·为学四事勖儿辈

澄弟、沅两弟左右：

屡接弟信，并阅弟给纪泽等谕帖，具悉一切。

兄以八月十三出省，十月十五日归署。在外匆匆，未得常寄函与弟，深以为歉。小澄生子，岳松入学，是家中近日可庆之事。沅弟夫妇病而速痊，亦属可慰。

吾见家中后辈体皆虚弱，读书不甚长进，曾以养生六事勖儿辈：一曰饭后千步，一曰将睡洗脚，一曰胸无恼怒，一曰静坐有常时（射有常时射足以习威仪，强筋力，子弟宜多习），一曰黎明吃白饭，一碗不沾点菜。此皆闻诸老人，累试毫无流弊者，今亦望家中诸侄试行之。又曾以为学四事勖儿辈：一曰看生书宜求速，不多阅则太陋；一曰温旧书宜求熟，不背诵则易忘；一曰习字宜有恒，不善写则如身之无衣，山之无木；一曰作文宜苦思，不善作则如人之哑不能言，马之跛不能行。四者缺一不可，盖阅历一生，而深知深悔之者，今亦望家中诸侄力行之。养生与为学，二者兼营并进，则志强而身亦不弱，或是家中振兴之象。两弟如以为然，望常以此教诫子侄为要。

兄在外两月有余，应酬极繁，眩晕、疝气等症幸未复发，脚肿亦愈。唯目蒙日甚，小便太数，衰老相逼，时势当然，无足异也。

同治十年十月二十三日

谕纪泽·看、读、写、作四者每日不可缺一

字谕纪泽儿：

余此次出门，略载日记，即将日记封每次家信中。闻林文忠家书即系如此办法。尔在省仅至丁、左两家，余不轻出，足慰远怀。

读书之法，看、读、写、作四者每日不可缺一。看者，如尔去年看《史记》、《汉书》、韩文、《近思录》，今年看《周易折中》之类是也。读者，如《四书》、《诗》、《书》、《易经》、《左传》诸经，《昭明文选》，李、杜、韩、苏之诗，韩、欧、曾、王之文，非高声朗诵则不能得其雄伟之概，非密咏恬吟则不能探其深远之韵。譬之富家居积，看书则在外贸易，获利三倍者也；读书则在家慎守，不轻花费者也。譬之兵家战争，看书则攻城略地，开拓土宇者也；读书则深沟坚垒，得地能守者也。看书如子夏之"日知所亡"相近，读书与"无忘所能"相近，二者不可偏废。至于写字，真、行、篆、隶，尔颇好之，切不可间断一日。既要求好，又要求快。余生平因作字迟钝吃亏不少，尔须力求敏捷，每日能作楷书一万则几矣。至于作诸文，亦宜在二三十岁立定规模，过三十后则长进极难。作四书文，作试帖诗，作律赋，作古今体诗，作古文，作骈体文，数者不可不一一讲求，一一试为之。少年不可怕丑，须有狂者进取之趣，过时不试为之，则后此弥不肯为矣。

至于作人之道，圣贤千言万语，大抵不外敬、恕二字。"仲弓问仁"一章，言敬、恕最为亲切。自此以外，如立则见其参于前也，在舆则见其倚于衡也。君子无众寡，无大小，无敢慢，斯为泰而不骄；正其衣冠，俨然人望而畏，斯为威而不猛。是皆言敬之最好下手者。孔言欲立立人，欲达达人；孟言行有不得，反求诸己。以仁存心，以礼存心，有终身之忧，无一朝之患。是皆言恕之最好下手者。尔心境明白，于恕字或易著功，敬字则宜勉强行之。此立德之基，不可不谨。

科场在即，亦宜保养身体。余在外平安，不多及。

再，此次日记已封人澄侯叔函中寄至家矣。余自十二至湖口，十九夜五更开船晋江西省，二十一申刻至章门。余不多及。又示。

咸丰八年七月二十一日，

舟次樵舍下，去江西省城八十里

谕纪泽·虚心涵泳，切己体察

字谕纪泽：

八月一日刘曾撰来营，接尔第二号信并薛晓帆信，得悉家中四宅平安，至以为慰。

汝读《四书》无甚心得，由不能虚心涵泳，切己体察。朱子教人读书之法，此二语最为精当。尔现读《离娄》，即如《离娄》首章"上无道揆，下无法守"。吾往年读之，亦无甚警惕。近岁在外办事，乃知上之人必揆诸道，下之人必守乎法。若人人以道揆自许，从心而不从法，则下凌上矣。"爱人不亲"章，往年读之，不甚亲切。近岁阅历日久，乃知治人不治者，智不足也。此切己体察之一端也。涵泳二字最不易识，余尝以意测之。曰：涵者，如春雨之润花，如清渠之溉稻。雨之润花。过小则难透，过大则离披，适中则涵濡而滋液；清渠之溉稻，过小则枯槁，过多则伤涝，适中则涵养而淳兴。泳者，如鱼之游水，如人之濯足。程子谓鱼跃于渊，活泼泼地；庄子言濠梁观鱼，安知非乐？此鱼水之快也。左太冲有"濯足万里流"之句，苏子瞻有夜卧濯足诗，有浴罢诗，亦人性乐水者之一快也。善读书者须视书如水，而视此心如花、如稻、如鱼、如濯足，则涵泳二字，庶可得之于意言之表。尔读书易于解说文义，却不甚能深入，可就朱子涵泳体察二语悉心求之。

邹叔明新刊地图甚好。余寄书左季翁，托购致十副。尔收得后，可好藏之。薛晓帆百两宜璧还。余有复信，可并交季翁也。此嘱。

咸丰八年八月初三日

谕纪泽·写字、作文宜摹仿古人间架

字谕纪泽：

三月初二日接尔二月二十日安禀，得知一切。

内有贺丹麓先生墓志，字势流美，天骨开张，览之忻慰。唯间架间有太松之处，尚当加功。大抵写字只有用笔、结体两端。学用笔，须多看古人墨迹；学结体，须用油纸摹古帖。此二者，皆决不可易之理。小儿写影本，肯用心者，不过数月，必与其摹本字相肖。吾自三十时已解古人用笔之意，只为欠却间架工夫，便尔作字不成体段。生平欲将柳诚悬、赵子昂两家合为一炉，亦为间架欠工夫，有志莫遂。尔以后当从间架用一番苦功，每日用油纸摹帖，或百字，或二百字，不过数月，间架与古人逼肖而不自觉。能合柳、赵为一，此吾之素愿也。不能，则随尔自择一家，但不可见异思迁耳。不特写字宜摹仿古人间架，即作文亦宜摹仿古人间架。《诗经》造句之法，无一句无所本。《左传》之文，多现成句调。扬子云为汉代文宗，而其《太玄》摹《易》，《法言》摹《论语》，《方言》摹《尔雅》，《十二箴》摹《虞箴》，《长杨赋》摹《难蜀父老》，《解嘲》摹《客难》，《甘泉赋》摹《大人赋》，《剧秦美新》摹《封禅文》，《谏不许单于朝书》摹《国策》"信陵君谏伐韩"，几于无篇不摹。即韩、欧、曾、苏诸巨公之文，亦皆有所摹拟，以成体段。尔以后作文、作诗赋，均宜心有摹仿，而后间架可立，其收效较速，其取径较便。前信教尔暂不必看《经义述闻》，今尔此信言业看三本，如看得有些滋味，即一直看下去。不为或作或辍，亦是好事。唯《周礼》、《仪礼》、《大戴礼》、《公》、《穀》、《尔雅》、《国语》、《太岁考》等卷，尔向来未读过正文者，则王氏《述闻》亦暂可不观也。

尔思来营省觐，甚好，余亦思尔来一见。婚期既定五月二十六日，三四月间自不能来，或七月晋省乡试，八月底来营省觐亦可。身体虽弱，处多难之世，若能风霜磨炼、苦心劳神，亦自足坚筋骨而长识见。沅甫叔向最羸弱，近日从军，反得壮健，亦其证也。赠伍崧生之君臣画像乃俗本，不可为典要。奏折稿当钞一目录付归。余详诸叔信中。

咸丰九年三月初三日，清明

谕纪泽·买书不可不多，而看书不可不知所择

字谕纪泽：

前次于诸叔父信中，复示尔所问各书帖之目。乡间苦于无书，然尔生今日，吾家之书，业已百倍于道光中年矣。买书不可不多，而看书不可不知所择。以韩退之为千古大儒，而自述其所服膺之书，不过数种：曰《易》、曰《书》、曰《诗》、曰《春秋左传》、曰《庄子》、曰《离骚》、曰《史记》、曰相如、子云。柳子厚自述其所得，正者：曰《易》、曰《书》、曰《诗》、曰《礼》、曰《春秋》；旁者：曰《穀梁》、曰《孟》、《荀》、曰《庄》、《老》、曰《国语》、曰《离骚》、曰《史记》。二公所读之书，皆不甚多。本朝善读古书者，余最好高邮王氏父子，曾为尔屡言之矣。今观怀祖先生《读书杂志》中所考订之书：曰《逸周书》、曰《战国策》、曰《史记》、曰《汉书》、曰《管子》、曰《晏子》、曰《墨子》、曰《荀子》、曰《淮南子》、曰《后汉书》、曰《老》、《庄》、曰《吕氏春秋》、曰《韩非子》、曰《杨子》、曰《楚辞》、曰《文选》，凡十六种。又别著《广雅疏证》一种、伯申先生《经义述闻》中所考订之书：曰《易》、曰《书》、曰《诗》、曰《周官》、曰《仪礼》、曰《大戴礼》、曰《礼记》、曰《左传》、曰《国语》、曰《公羊》、曰《穀梁》、曰《尔雅》，凡十二种。王氏父子之博，古

今所罕，然亦不满三十种也。余于《四书》、《五经》之外，最好《史记》、《汉书》、《庄子》、韩文四种，好之十余年，惜不能熟读精考。又好《通鉴》、《文选》及姚惜抱所选《古文辞类纂》、余所选《十八家诗钞》四种，共不过十余种。早岁笃志为学，恒思将此十余书贯串精通，略昨札记，仿顾亭林、王怀祖之法。今年齿衰老，时事日艰，所志不克成就，中夜思之，每用愧悔。泽儿若能成吾之志，将《四书》、《五经》及余所好之八种一一熟读而深思之，略作札记，以志所得，以著所疑，则余欢欣快慰，夜得甘寝，此外别无所求矣。至王氏父子所考订之书二十八种，凡家中所无者，尔可开一单来，余当一一购得寄回.

　　学问之途，自汉至唐，风气略同；自宋至明，风气略同；国朝又自成一种风气，其尤著者，不过顾、阎百诗、戴东原、江慎修、钱辛楣、秦味经、段懋堂、王怀祖数人，而风会所扇，群彦云兴。尔有志读书，不必别标汉学之名目，而不可不一窥数君子之门径。凡有所见所闻，随时禀知，余随时谕答，较之当面问答，更易长进也。

咸丰九年四月二十一日

谕纪泽·尔作时文，宜先讲词藻

字谕纪泽：

　　尔作时文，宜先讲词藻，欲求词藻富丽，不可不分类钞撮体面话头。近世文人，如袁简斋、赵瓯北、吴穀人，皆有手钞词藻小本，此众人所共知者。阮文达公为学政时，搜出生童夹带，必自加细阅。如系亲手所钞，略有条理者，即予进学；如系请人所钞，概录陈文者，照例罪斥。阮公一代闳儒，则知文人不可无手钞夹带小本矣。昌黎之记事提要、纂言钩玄，亦系分类手钞小册也。尔去年乡试之文，太无词藻，几不能敷衍成篇。此时下手工夫，以分类手钞词藻为第一义。

尔此次复信，即将所分之类开列目录，附禀寄来。分大纲子目，如伦纪类为大纲，则君臣、父子、兄弟为子目；王道类为大纲，则井田、学校为子目。此外各门可以类推。尔曾看过《说文》、《经义述闻》，二书中可钞者多。此外如江慎修《类腋》及《子史精华》、《渊鉴类函》，则可钞者尤多矣，尔试为之。此科名之要道，亦即学问之捷径也。此谕。

咸丰九年五月初四日

谕纪泽·读书一怕无恒，二怕未看得明白

字谕纪泽：

接尔二十九、三十号两禀，得悉《书经》注疏看《商书》已毕。《书经》注疏颇庸陋，不如《诗经》之该博。我朝儒者，如阎百诗、姚姬传诸公皆辨别古文《尚书》之伪。孔安国之传，亦伪作也。盖秦燔书后，汉代伏生所传，欧阳及大小夏侯所习，皆仅二十八篇，所谓今文《尚书》者也。厥后孔安国家有古文《尚书》，多十余篇，遭巫蛊之事，未得立于学官，不传于世。厥后

张霸有《尚书》百两篇，亦不传于世。后汉贾逵、马、郑作古文《尚书》注解，亦不传于世。至东晋梅赜始献古文《尚书》并孔安国传，自六朝唐宋以来承之，即至今通行之本也。自吴才老及朱子、梅鼎祚、归震川，皆疑其为伪。至阎百诗遂专著一书以痛辨之，名曰《疏证》。自是辨之者数十家，人人皆称伪古文、伪孔氏也。《日知录》中略著其原委。王西庄、孙渊如、江艮庭皆详言之（《皇清经解》中有江书，不足观）。此亦《六经》中一大案，不可不知也。

尔读书记性平常，此不足虑。所虑者第一怕无恒，第二怕随笔点过一遍，并未看得明白。此却是大病。若实看明白了，久之必得些滋味，寸心若有怡悦之境，则自略记得矣。尔不必求记，却宜求个明白。

邓先生讲书，仍请讲《周易折中》。余圈过之《通鉴》，暂不必讲，恐污坏耳。尔每日起得早否？并问。此谕。

咸丰九年六月十四日

谕纪泽·下笔造句，总以"珠圆玉润"四字为主

字谕纪泽：

十六日接尔初二日禀并赋二篇，近日大有长进，慰甚。

无论古今何等文人，其下笔造句，总以"珠圆玉润"四字为主。无论古今何等书家，其落笔结体，亦以"珠圆玉润"四字为主。故吾前示尔书，专以一重字救尔之短，一圆字望尔之成也。

世人论文家之语圆而藻丽者，莫如徐陵、庾信，而不知江淹、鲍照则更圆，进之沈约、任昉则亦圆，进之潘岳、陆机则亦圆，又进而溯之东汉之班固、张衡、崔骃、蔡邕则亦圆，又进而溯之西汉之贾谊、晁错、匡衡、刘向则亦圆。至于马迁、相如、子云三人，可谓力趋险奥，不求圆适矣；而细读之，亦未始不圆。至于昌黎，其志意直欲陵驾长、卿、子云三人，戛戛独造，力避圆熟矣，而久读之，实无一字不圆，无一句不圆。尔于古人之文，若能从江、鲍、徐、庾四人之圆步步上溯，直窥卿、云、马、韩四人之圆，则无不可读之古文矣，即无不可通之经史。尔其勉之。余于古人之文，用功甚深，惜未能一一达之腕下，每歉然不怡耳。

江浙贼势大乱，江西不久亦当震动，两湖亦难安枕。余寸心坦坦荡荡，毫无疑怖。尔禀告尔母，尽可放心。人谁不死，只求临终心无愧悔耳。家中暂不必添起杂屋，总以安静不动为妙。

咸丰十年四月二十四日

谕纪泽·文之古雅雄奇

字谕纪泽：

腊月二十九日接尔一禀，系十一月十四日送家信之人带回，又由沅叔处送到尔初归时二信，慰悉。霞仙先生之令弟仙逝，余于近日当写唁信，并寄奠仪。尔当先去吊唁。

尔问文中雄奇之道。雄奇以行气为上，造句次之，选字又次之。然未有字不古雅而句能古雅，句不古雅而气能古雅者；亦未有字不雄奇而句能雄奇，句不雄奇而气能雄奇者。是文章之雄奇，其精处在行气，其粗处全在造句选字也。余好古人雄奇之文，以昌黎为第一，扬子云次之。二公之行气，本之天授。至于人事之精能，昌黎则造句之工夫居多，子云则选字之工夫居多。

尔问叙事志传之文难于行气，是殊不然。如昌黎《曹成王碑》、《韩许公碑》固属千奇万变，不可方物，即卢夫人之铭、女挐之志，寥寥短篇，亦复雄奇倔强。尔试将此四篇熟看，则知二大二小，各极其妙矣。

尔所作《雪赋》，词意颇古雅，唯气势不畅，对仗不工。两汉不尚对仗，潘、陆则对矣，江、鲍、庾、徐则工对矣。尔宜从对仗上用工夫。此嘱。

咸丰十一年正月初四日

谕纪泽·图书目录分类

谕纪泽：

接尔八月十四日禀并日课一单、分类目录一纸。日课单批明发还。

目录分类，非一言可尽。大抵有一种学问，即有一种分类之法，有一人嗜好，即有一人摘钞之法。若从本原论之，当以《尔雅》为分类之最古者。天之星辰，地之山川，鸟兽草木，皆古圣贤人辨其品汇，命之以名。《书》所称大禹主名山川，《礼》所称黄帝正名百物是也。物必先有其名，而后有是字，故必知命名之原，乃知文字之原。舟车、弓矢、徂豆、钟鼓，日用之具，皆先王制器以利民用，必先有器而后有是字，故又必知制器之原，乃知文字之原。君臣、上下、礼乐、兵刑、赏罚之法，皆先王立事以经纶天下，或先有事而后有字，或先有字而后有事，故又必知万事之本，而后知文字之原。此三者物最初，器次之，事又次之。三者既具，而后有文词。《尔雅》一书，如释天、释地、释山、释水、释草木、释鸟兽虫鱼，物之属也；释器、释宫、释乐，器之属也；释亲，事之属也；释诂、释训、释言，文词之属也。《尔雅》之分类，唯属事者最略，后世之分类，唯属事者最详。事之中又判为两端焉：曰虚事，曰实事。虚事者，如经之三《礼》，马之八《书》，班之十《志》，及三《通》之区别门类是也。实事者，就史鉴中已往之事迹，分类纂记，如《事文类聚》、《曰孔六帖》、《太平御览》及我朝《渊鉴类函》、《子史精华》等书是也。尔所呈之目录，亦是钞摘实事之象，而不如《子史精华》中目录之精当。余在京藏《子史精华》，温叔于二十八年带回，想尚在白玉堂，尔可取出核对，将子目略为减少。后世人事日多，史册日繁，摘类书者，事多而器物少，乃势所必然。尔即可照此钞去，但期与《子史精华》规模相仿，即为善本。其末附古语鄙谚，虽未必无用，而不如径摘钞《说文》训诂，庶与《尔雅》首三篇相近也。余亦思仿《尔雅》之例钞纂类书，以记日知月无忘之效，特患年齿已衰，军务少暇，终不能有所成。或余少引其端，尔将来继成之可耳。

余身体尚好，唯疮久不愈。沅叔已拔营赴庐江、无为州，一切平安。胡宫保仙逝，是东南大不幸事，可伤之至。紫兼毫营中无之。兹付笔二十支、印章一包查收。蓝格本下次再付。澄叔处尚未写信，将此送阅。

咸丰十一年九月初四日

谕纪泽·唯读书可变化气质

字谕纪泽、纪鸿：

今日专人送家信，甫经成行，又接王辉四等带来四月初十之信，尔与澄叔各一件，藉悉一切。

尔近来写字总失之薄弱，骨力不坚劲，墨气不丰腴，与尔身体向来轻字之弊正是一路毛病。尔当用油纸摹颜字之《郭家庙》、柳字之《琅琊碑》、《玄秘塔》，以药其病。日日留心，专从厚重二字上用工。否则字质太薄，即体质亦因之更轻矣。人之气质由于天生，本难改变，唯读书则可变化气质。古之精相法，并言读书可以变换骨相。欲求变之之法，总须先立坚卓之志。即以余生平言之，三十岁前最好吃烟，片刻不离，至道光壬寅十一月二十一日立志戒烟，至今不再吃。四十六岁以前作事无恒，近五年深以为戒，现在大小事均尚有恒。即此二端，可见无事不可变也。尔于厚重二字，须立志变化。改古称金丹换骨，余谓立志即丹也。此嘱。

同治元年四月二十四日

谕纪泽·小学凡三大宗

字谕纪泽：

十月初十日接尔信与澄叔九月二十日县城发信，具悉五宅平安。希庵病亦渐好，至以为慰。

此间军事，金陵日就平稳，不久当可解围，沅叔另有二信，余不赘告。鲍军日内甚为危急。贼于湾址渡过河西，梗塞霆营粮路。霆军当士卒大病之后，布置散漫，众心颇怨，深以为虑。鲍若不支，则张凯章困于宁阐郡城之内，亦极可危。如天之福，宁国亦如金陵之转危为安，则大幸也。

尔从事小学、《说文》，行之不倦，极慰极慰。小学凡三大宗：言字形者，以《说文》为宗。古书唯大小徐二本，至本朝则段氏特开生面，而钱坫、王筠、桂馥之作亦可参观。言训诂者，以《尔雅》为宗。古书唯郭注、刑疏，至本朝而邵二云之《尔雅正义》、王怀祖之《广雅疏证》、郝兰皋之《尔雅义疏》，皆称不朽之作。言音韵者，以《唐韵》为宗。古书唯《广韵》、《集韵》，至本朝而顾氏《音学五书》乃为不刊之典，而江慎修、戴东原、段茂堂、王怀祖、孔巽轩、江晋三诸作，亦可参观。尔欲于小学钻研古义，则三宗如顾、江、段、邵、郝、王六家之书，均不可不涉猎而探讨之。

余近日心绪极乱，心血极亏。其慌忙无措之象，有似咸丰八年春在家之时，而忧灼过之。甚思尔兄弟来此一见。不知尔何日可来营省视？仰观天时，默察人事，此贼竟无能平之理。但求全局不遽决裂，余能速死，而不为万世所痛骂，则幸矣。

同治元年十月十四日

谕纪泽、纪鸿·有气则有势，
有识则有度，有情则有韵，有趣则有味

字谕纪泽、纪鸿儿：

余于二十五六日渡洪泽湖面二百四十里，二十七日入淮，二十八日在五河停泊一日，等候旱队。二十九日抵临淮。闻刘省三于二十四日抵徐州，二十八日由徐州赴援雉河，英西林于二十六日攻克高炉集，雉河之军心益固，大约围可解矣。罗、张、朱等明日可以到此，刘松山初五六可到。余小住半月，当仍赴徐州也。毛寄云年伯至清江，急欲与余一晤，余因太远，止其来临淮。

尔写信太短，近日所看之书及领略古人文字意趣尽可自摅所见，随时质正。前所示有气则有势，有识则有度，有情则有韵，有趣则有味，古人绝好文字大约于此四者之中必有一长。尔所阅古文何篇？于何者为近？可放论而详问焉。鸿儿亦宜常常具禀，自述近日工夫。此示。

同治四年六月初一日

谕纪泽、纪鸿·在气势上痛下工夫

字谕纪泽、纪鸿儿：

纪泽于陶诗之识度不能领会，试取《饮酒》二十首、《拟古》九首、《归田园居》五首、《咏贫士》七首等篇反复读之，若能窥其胸襟之广大，寄托之遥深，则知此公于圣贤豪杰皆已升堂人室。尔能寻其用意深处，下次试解说一二首寄来。

又问有一专长，是否须兼三者乃为合作。此则断断不能。韩无阴柔之美，欧无阳刚之美，况于他人而能兼之？凡言兼众长者，皆其一无所长者也。鸿儿言此表范围曲成，横竖相合，足见善于领会。至于纯熟文字，极力揣摩固属切实工夫，然少年文字，总贵气象峥嵘，东坡所谓蓬蓬勃勃，如釜上气。古文如贾谊《治安策》、贾山《至言》、太史公《报任安书》、韩退之《原道》、柳子厚《封建论》、苏东坡《上神宗书》，时文如黄陶庵、吕晚村、袁简斋、曹寅谷，墨卷如《墨选观止》、《乡墨精锐》中所选两排三叠之文，皆有最盛之气势。尔当兼在气势上用功，无徒在揣摩上用功。大约偶句多，单句少，段落多，分股少，莫拘场屋之格式。短或三五百字，长或八九百字、千余字，皆无不可。虽系《四书》题，或用后世之史事，或论目今之时务，亦无不可。总须将气势展得开，笔仗使得强，乃不至于束缚拘滞，愈紧愈呆。

嗣后尔每月作五课揣摩之文，作一课气势之文。讲揣摩者送师阅改，讲气势者寄余阅改。四象表中，唯气势之属太阳者，最难能而可贵。古来文人虽偏于彼三者，而无不在气势上痛下工夫。两儿均宜勉之。此嘱。

同治四年七月初三日

谕纪泽·君子贵于自知，不必随众口附和也

字谕纪泽：

尔读李义山诗，于情韵既有所得，则将来于六朝文人诗文，亦必易于契合。

凡大家名家之作，必有一种面貌，一种神态，与他人迥不相同。譬之书家羲、献、欧、虞、褚、李、颜、柳，一点一画，其面貌既截然不同，其神气亦全无似处。本朝张得天、何义门虽称书家，而未能尽变古人之貌。故必如刘石庵之貌异神异，乃可推为大家。诗文亦然。若非其貌其神迥绝群伦，不足以当大家之目。渠既迥绝群伦矣，而后人读之，不能辨识其貌，领取其神，是读者之见解未到，非作者之咎也。尔以后读古文古诗，唯当先认其貌，后观其神，久之自能分别蹊径。今人动指某人学某家，大抵多道听途说，扣槃扪烛之类，不足信也。君子贵于自知，不必随众口附和也。余病已大愈，尚难用心，日内当奏请开缺。近作古文二首，亦尚入理，今冬或可再作数首。

唐镜海先生殁时，其世兄求作墓志，余已应允，久未动笔，并将节略失去。尔向唐家或贺世兄处（蔗农先生子，镜海丈婿

也）索取行状节略寄来。《罗山文集年谱》寒带来营，亦向易芝生先生索一部付来，以便作碑，一偿夙诺。

纪鸿初六日自黄安起程，日内应可到此。

同治五年十月十一日

处世卷

禀叔父母·在外者有紧有松，有发有收

侄国藩谨启叔父母大人万福金安：

九月十八日发第十三号信，是呈叔父者，二十一日发十四号信，是寄九弟者，想俱收到。二十三日四弟、六弟到京，体气如常。

二十四日皇上御门，侄得升翰林院侍讲学士。每年御门不过四五次，在京各官出缺此时未经放人者，则候御门之日简放，以示"爵人于朝，与众共之"之意。侄三次升官，皆御门时特擢，天恩高厚，不知所报。

侄合室平安。身上疮癣尚未尽净，唯面上于半月内全好，故谢恩召见，不至隔越以贻羞，此尤大幸也。前次写信回家，内有寄家毅然宗丈一封，言由长沙金年伯家寄去心斋之母奠仪三十金，此项本罗苏溪寄者，托侄转交，故侄兑与周辑瑞用，由周家

递金家。顷闻四弟言，此项已作途费矣，则毅然伯家奠分必须家中赶紧办出付去，万不可失信。谢兴岐曾借去银三十两，若还来甚好，若未还，求家中另行办去。又黄麓西借侄银二十两，亦闻家中已收。

侄在京借银与人颇多，若侄不写信告家中者，则家中不必收取。盖在外与居乡不同，居乡者紧守银钱，自可致富；在外者有紧有松，有发有收，所谓大门无出，耳门亦无人，全仗名声好，乃扯得活。若名声不好，专靠自己收藏之银，则不过一年即用尽矣。以后外人借侄银者，仍使送还京中，家中不必收取。去年蔡朝士曾借侄钱三十千，侄已应允作文昌阁捐项，家中亦不必收取。盖侄言不信，则日后虽有求于人，人谁肯应哉？侄于银钱之间，但求四处活动，望堂上大人谅之。

又闻四弟、六弟言，父亲大人近来常到省城、县城，曾为蒋市街曾家说坟山事、长寿庵和尚说命案事，此虽积德之举，然亦是干预公事。侄现在京四品，外放即是臬司。凡乡绅管公事，地方官无不衔恨。无论有理无理，苟非己事，皆不宜与闻。地方官外面应酬，心实鄙薄。设或敢于侮慢，则侄觍然为官而不能免亲之受辱，其负疚当何如耶？以后无论何事，望劝父亲总不到县，总不管事，虽纳税正供，使人至县。伏求堂上大人鉴此苦心，侄时时挂念独此耳。

侄谨启

道光二十五年十月初一日

致诸弟·不贪财，不失信，不自是

澄侯、子植、季洪三弟左右：

五月二十四发第八号家信，由任梅谱手寄去。高丽参二两，回生丸一颗，眼药数种，膏药四百余张，并白菜、大茄种，用大木匣盛好寄回，不知已收到否？六月十六日接到家信，系澄侯五月初七在县城所发，具悉一切。

月内京寓大小平安。予癣疾上身已好，唯腿上未愈。六弟在家一月，诸事如常。内人及儿女辈皆好。郭雨三之大女许配黄莆卿之次子，系予作伐柯人，亦因其次女欲许余次子故，并将大女嫁湖南。此婚事似不可辞，不知堂上大人之意云何？

澄侯在县和八都官司，忠信见孚于众人，可喜之至。朱岚轩之事，弟虽二十分出力，尚未将银全数取回。渠若以钱来谢，吾弟宜斟酌行之，或受或不受，或辞多受少，总以不好利为主。此后近而乡党，远而县城省城，皆靠澄弟一人与人相酬酢。总之不贪财，不失信，不自是，有此三者，自然鬼服神钦，到处人皆敬重。此刻初出茅庐，尤宜慎之又慎。若三者有一，则不为人所与矣。

李东崖先生来信要达天听，予置之不论。其诰轴则杜兰溪即日可交李笔峰。刘东屏先生常屈身讼庭，究为不美，澄弟若见之，道予寄语，劝其"危行言孙，蠖屈存身"八字而已。

墓石之地，其田野颇为开爽（若过墓石而至胡起三所居一带，尤宽敞），予喜其扩荡眼界，可即并田买之，要钱可写信寄来京。凡局面不开展、眼鼻攒集之地，予皆不喜，可以此意告尧阶也。

何子贞于六月十二丧妻，今年渠家已丧三人，家运可谓乖舛。

季弟考试万一不得，不必牢骚。盖予既忝侥幸，九弟去年已进，若今年又得，是极盛，则有盈满之惧，亦可畏也。

同乡诸家，一切如常。凌笛舟近已移居胡光伯家，不住我家矣。书不十一，余俟续具。

兄国藩手草
道光二十八年六月十七日

致诸弟·若非道义可得者，则不可轻易受此

澄侯、温甫、子植、季洪四位老弟足下：

正月初六日接到家信三函：一系十一月初三所发，有父亲手谕，温弟代书者；一系十一月十八所发，有父亲手谕，植弟代书者；一系十二月初三澄弟在县城所发一书，甚为详明，使游子在外，巨细了然。

庙山上金叔不知为何事而可取腾七之数？若非道义可得者，则不可轻易受此。要做好人，第一要在此处下手。能令鬼服神钦，则自然识日进，气日刚；否则不觉堕入卑污一流，必有被人看不起之日，不可不慎。诸弟现处极好之时，家事有我一人担

当，正好做个光明磊落、神钦鬼服之人。名声既出，信义既著，随便答言，无事不成，不必爱此小便宜也。

父亲两次手谕，皆不欲予乞假归家，而予之意，甚思日侍父母之侧，不得不为迎养之计。去冬家书曾以归省、迎养二事与诸弟相商，今父亲手示既不许归省，则迎养之计更不可缓。所难者，堂上有四位老人，若专迎父母而不迎叔父母，不特予心中不安，即父母心中亦必不安；若四位并迎，则叔母病未全好，远道跋涉尤艰。予意欲于今年八月初旬迎父亲、母亲、叔父三位老人来京，留叔母在家，诸弟妇细心伺候。明年正月元宵节后，即送叔父回南，我得与叔父相聚数月，则我之心安；父母得与叔父同行数千里到京，则父母之心安；叔母在家半年，专雇一人服侍，诸弟妇又细心奉养，则叔父亦可放心；叔父在家抑郁数十年，今出外潇洒半年，又得观京师之壮丽，又得与侄儿、侄妇、侄孙团聚，则叔父亦可快畅。在家坐轿至湘潭，澄侯先至潭雇定好船，伺候老人开船后，澄弟即可回家。船至汉口，予遣荆七在汉口迎接，由汉口坐三乘轿子到京，行李婢仆则用小车，甚为易办。求诸弟细商堂上老人，春间即赐回信，至要至要。

李泽显、李英灿进京，余必加意庇护。八斗冲地，望绘图与我看。诸弟自侍病至葬事，十分劳苦，我不克帮，心甚歉愧。

京师大小平安。皇太后大丧已于正月七日、二十七日满，脱去孝衣。初八日系祖父冥诞，我作文致祭，即于是日亦脱白孝，以后照常当差。心中万绪，不及尽书，统容续布。

兄国藩手草

道光三十年庚戌正月初九日

致诸弟·牢骚太甚者，其后必多抑塞

澄侯、温甫、子植、季洪四弟足下：

日来京寓大小平安。癣疾又已微发，幸不为害，听之而已。

湖南榜发，吾邑竟不中一人。沅弟书中言温弟之文典丽矞皇，亦尔被抑，不知我诸弟中将来科名究竟何如？以祖宗之积累及父亲、叔父之居心立行，则诸弟应可多食厥报。以诸弟之年华正盛，即稍迟一科，亦未遽为过时。特兄自近年以来事务日多，精神日耗，常常望诸弟有继起者，长住京城，为我助一臂之力。且望诸弟分此重任，予亦欲稍稍息肩。乃不得一售，使我中心无倚。

盖植弟今年一病，百事荒废，场中又患眼疾，自难见长。温弟天分本甲于诸弟，唯牢骚太多，性情太懒。前在京华不好看书，又不作文，予心即甚忧之。近闻还家以后，亦复牢骚如常，或数月不搦管为文。吾家之无人继起，诸弟犹可稍宽其责，温弟则实自弃，不得尽诿其咎于命运。吾尝见友朋中牢骚太甚者，其后必多抑塞，如吴枟台、凌荻舟之流，指不胜屈。盖无故而怨天，则天必不许；无故而尤人，则人必不服。感应之理，自然随之。温弟所处，乃读书中最顺之境，乃动则怨尤满腹，百不如意，实我之所不解。以后务宜力除此病，以吴枟台、凌荻舟为眼前之大戒。凡遇牢骚欲发之时，则反躬自思：吾果有何不足而蓄此不平之气？猛然内省，决然去之。不唯平心谦抑，可以早得科名，亦且养此和气，可以消减病患。万望温弟再三细想，勿以吾言为老生常谈，不值一哂也。

王晓林先生在江西为钦差，昨有旨命其署江西巡抚。余署刑部，恐须至明年乃能交卸。

袁漱六昨又生一女，凡四女已殇其二，又丧其兄，又丧其弟，又一差不得，甚矣，穷翰林之难当也。黄麓西由江苏引见入京，迥非昔日初中进士时气象，居然有经济才。王衡臣于闰月初九引见，以知县用，后于月底搬寓下洼一庙中，竟于九月初二夜无故遽卒。先夕与同寓文任吾谈至二更，次早饭时，讶其不起，开门视之，则已死矣。死生之理，善人之报，竟不可解。

邑中劝捐弥补亏空之事，予前已有信言之，万不可勉强勒派。我县之亏，亏于官者半，亏于书吏者半，而民则无辜也。向来书吏之中饱，上则吃官，下则吃民。名为包征包解，其实当征之时，则以百姓为鱼肉而吞噬之；当解之时，则以官为雉媒而播弄之。官索钱粮于书吏之手，犹索食于虎狼之口，再四求之，而终不肯吐。所以积成巨亏，并非实欠在民，亦非官之侵蚀入己也。今年父亲大人议定粮饷之事，一破从前包征包解之陋风，实为官民两利，所不利者仅书吏耳。即见制台留朱公，亦造福一邑不小。诸弟皆宜极力助父大人办成此事。唯捐银弥亏，则不宜操之太急，须人人愿捐乃可，若稍有勒派，则义好之事反为厉民之举，将来或翻为书吏所藉口，必且串通劣绅，仍还包征包解之故智，万不可不预防也。

梁侍御处银二百，月内必送去。凌宅之二百，亦已兑去。公车来，兑五七十金，为送亲族之用，亦必不可缓。但京寓近极艰窘，此外不可再兑也。

邑令既与我家商办公事，自不能不往还，然诸弟苟可得已，即不宜常常入署。陶、李二处，容当为书。本邑亦难保无假名请托者，澄弟宜预告之。书不详尽，余俟续具。

兄国藩手草

咸丰元年九月初五日

致诸弟·愿诸弟学为和平，学为糊涂

澄、温、植、洪老弟左右：

十七、十九接父大人十三、十五手谕及澄弟两函，具悉一切。兹分列各条于后，祈诸弟禀知父大人，兼禀叔父大人：

水勇自二十四五日成章诏营内逃去百余人，胡维峰营内逃去数十人。二十七日何南青营内逃去一哨，将战船炮位弃之东阳港，尽抢船中之钱米帆布等件以行。二十八日各营逃至三四百人之多，不待初二靖江战败，而后有此一溃也。其在湘潭打胜仗之五营，亦但知抢分贼赃，全不回省，即行逃回县城。甚至将战船送入湘乡河内，各勇登岸逃归，听战船飘流河中，丢失货物。彭雪琴发功牌与水手，水手见忽有顶戴，遂自言并册上姓名全是假的，应募之时乱捏姓名，以备将来稍不整齐，不能执册以相索云云。鄙意欲预为逃走之地，先设捏名之计。湘勇之丧心昧良，已可概见。若将已散者复行招回，则断难得力。衡、永之水勇不过五月可到，亦不甚迟迟也。

广东水师总兵陈大人带广东兵一百，洋炮一百，已于四月初六日到郴，月内可到省。广西水勇亦五月可到。衡州造新船，省城整旧船,皆五月可齐,不至延到七月始行也。

澄弟自到省帮办以来,千辛万苦,巨细必亲。在衡数月,尤为竭力尽心,衡郡诸绅佩服,以为从来所未有。昨日有郑桂森上条陈,言见澄侯先生在湘阴时景象,渠在船上,不觉感激泣下云云。澄弟之才力诚心,实为人所难学。唯近日公道不明,外间悠悠之口,亦有好造谣言讥澄弟之短者。而澄弟见我诸事不顺,为人欺侮,愈加愤激,肝火上炎,不免时时恼怒,盛气向人。人但见澄弟之盛气,而不知实有激之逼之使然者也。人以盛气凌物诮澄,澄以盛气伤肝致病。予恐其因抑郁而成内伤,又恐其因气盛而招怨声。故澄归之后,即听其在家养息,不催其仍来营中。盖亦见家中之事,非澄不能提新宅之纲;乡间之事,非澄不能代大人之劳也。并无纤介有不足于澄弟之处,澄弟当深知之,必须向大人膝下详禀之。

王璞山之骄蹇致败,贻误大局,凡有识者皆知之。昨在家招数百乡勇,在石潭杀残贼三十人,遂报假胜仗,言杀贼数百人,予深恶之。予与中丞、提军三人会衔具奏一折,系左季高所作,予先本将折稿看过。后渠又添出几段,竟将璞山之假胜仗添入。发折后始送稿来画,已无可如何,只得隐忍画之。朱石樵在岳州战败逃回,在宁乡战败,逃奔数次。昨到省城,仍令其署宝庆府事,已于十八日去上任矣。是非之颠倒如此,予在省日日恼郁,诸事皆不顺手,只得委曲徐图。昨当面将朱石樵责备,渠亦无辞以对,然官场中多不以我为然。将来事无一成,辜负皇上委任之意,唯有自愧自恨而已,岂能怨人乎?怨人又岂有益乎?大抵世之乱也,必先由于是非不明,白黑不分。诸弟必欲一一强为区别,则愈求分明,愈致混淆,必将呕气到底。愿诸弟学为和平,学为糊涂。璞山之事,从今以后,不特不可出诸口,而且不可存诸心。

我二十四都之长夫不耐劳苦，好穿长衣鞋袜，不敢远行，时刻思归。予拟在此另雇长夫。其本境长夫止留三四人在此，以便送信归家。

率五病故，我绝不知信息。季弟何以并不告我？前澄弟信中有半句，我始骇然。昨葛十一来，乃实知之。刻下已搬柩还乡否？若尚在省，急须写信来，我当设法送归也。其如何病，如何殁，季弟当详告我。

以上数条，望诸弟细心体贴。缕禀堂上大人为要。

咸丰四年四月二十日

致诸弟·唯谨慎谦虚，时时省惕而已

澄、温、沅、季四位老弟左右：

二十五日着胡二等送家信，报收复武汉之喜。二十七日具折奏捷。初一日制台杨慰农需到鄂相会，是日又奏二十四夜焚襄河贼舟之捷。初七日奏三路进兵之折。其日酉刻，杨载福、彭玉麟等率水师六十余船前往下游剿贼。

初九日，前次谢恩折奉朱批回鄂。初十日彭四、刘四等来营，进攻武汉三路进剿之折奉朱批到鄂。十一日，武汉克复之折奉朱批、廷寄、谕旨等件，兄署湖北巡抚，并赏戴花翎。兄意母丧未除，断不敢受官职。若一经受职，则二年来之苦心孤诣，似全为博取高官美职，何以对吾母于地下？何以对宗族乡党？方寸之地，何以自安？是以决计具折辞谢，想诸弟亦必以为然也。

功名之地，自古难居。兄以在籍之官，募勇造船，成此一悉事业，名震一时。人之好名，谁不如我？我有美名，则人必有受不美之名者，相形之际，盖难为情。兄唯谨慎谦虚，时时省惕而已。若仗圣主之威福，能速将江面肃清，荡平此贼，兄决意奏请回籍，事奉吾父，改葬吾母。久或三年，暂或一年，亦足稍慰区区之心，但未知圣意果能俯从否？

诸弟在家，总宜教子侄守勤敬。吾在外既有权势，则家中子侄最易流于骄，流于佚，二字皆败家之道也。万望诸弟刻刻留心，勿使后辈近于此二字，至要至要。

罗罗山于十二日拔营，智亭于十三日拔营，予十五六亦拔营东下也。余不一一。乞禀告父亲大人、叔父大人万福金安。

咸丰四年九月十三日

致诸弟·俭于自奉，不可倚势骄人

澄侯、温甫、子植、季洪四位老弟足下：

十月二十五专人送信回家，魏荫亭归，又送一函，想先后收到。十一月二十一日，范知宝来九江，接澄弟信，具悉一切。

部监各照已交朱峻明带归矣。树堂要功牌百张，又交荫亭带归。予送朱峻明途费二十金，渠本解船来，故受之。送荫亭二十金，渠竟不受，俟有便当再寄渠。江隆三表弟来营，予念母亲之侄仅渠有子，送钱四十千，渠买盐花带归，不知已到家否？荫亭归，予寄百五十金还家，以五十周济亲族，此百金恐尚不敷家用。军中银钱，予不敢妄取丝毫也。

名者，造物所珍重爱惜，不轻以予人者。予德薄能鲜，而享天下之大名，虽由高、曾、祖、父累世积德所致，而自问总觉不称，故不敢稍涉骄奢。家中自父亲、叔父奉养宜隆外，凡诸弟及吾妻吾子吾侄吾诸女侄女辈，概愿俭于自奉，不可倚势骄人。古人谓无实而享大名者，必有奇祸。吾常常以此儆惧，故不能不详告贤弟，尤望贤弟时时教戒吾子吾侄也。

塔、罗自田家镇渡至江北后五获胜仗，九江对岸之贼遂下窜安徽境。予现泊九江河下，塔、罗渡江攻城。罗于二十一日与贼接仗，杀贼二三百，而我军亦伤亡四十余人。此在近数月内即是小有挫失，而气则未稍损也。水师已下泊湖口，去我舟已隔六十里。二十夜，贼自江西小河内放火船百余号，实以干柴、桐油、松脂、火药，自上游乘风放下，惊我水营。两岸各千余人呐喊，放火箭、火球。其战船放炮，即随火船冲出，欲乱我阵。幸我军镇定，毫不忙乱，反用小船梭穿于火船之中，攻入贼营，烧贼船十余号，抢贼划数十号。摇撼不动，是亦可喜之事。

予身体平安，癣疾近又大愈，胡须日长且多。军中将士俱平安。余不一一，即候近佳，并恳禀告父亲大人、叔父大人福安。

咸丰四年十一月二十三日

致诸弟·于忍气二字加倍用功

澄侯、温甫、子植、季洪足下：

凌问樵来，接澄弟信，知勇劫粮台事办有头绪，澄弟已归去，甚慰甚慰。

当此乱世，黑白颠倒，办事万难。贤弟宜藏深山，不宜轻出门一步。澄弟去年三月在省河告归之时，毅然决绝，吾意其戢影家园，足迹不履城市。此次一出，实不可解。以后务须隐遁，无论外间何事，一概不可与闻，即家中偶遇横逆之来，亦当再三隐忍，勿与计较。吾近来在外，于忍气二字加倍用功。若仗皇上天威，此事稍有了息之期，吾必杜门养疾，不愿闻官事也。

癣疾近日大发，懒于治事。自二十七日至吴城镇，迄今已满十日。

罗山于二十一日克复弋阳，二十三日克复兴安，二十六日两获大胜，克复广信府城。智亭军门尚扎九江。水师前队扎南康府，李次青率陆勇护之，后队扎吴城，均尚安吉，家中不必挂念。莘田在营甚为安雅，拟留二三月遣归。魏荫亭近日即当告归。余不一一，即候近好。

付去谕旨一本，奏章一本，幸好为收存。向来寄回家中之奏稿，不知收置一处否？以后望作箱存之为要。诸唯心照。

咸丰五年四月初八日

致九弟·一味浑厚，绝不发露

沅甫九弟左右：

初四日午刻萧大满、刘得二归，接二十八日来信，藉悉一切。吉水击退大股援贼，三曲滩对岸之贼空壁宵遁，看来吉安之事尚易得手。

王大诚所借先大夫钱百千，收租十石者十余年，收六石九斗者又已二十年，实属子过于母。澄弟与余商，王氏父子太苦，宜焚券而蠲免之。初三日请大诚父子祖孙来，涂券发还。

日内作报销大概规模折一件、片三件，交江西耆公代为附奏。兹由萧大满等手带至吉安，弟派妥人即日送江西省城，限五日送到。耆、龙、李三处并有信，接复信专丁送家可也。

左季高待弟极关切，弟即宜以真心相向，不可常怀智术以相迎距。凡人以伪来，我以诚往，久之，则伪者亦共趋于诚矣。李迪庵新放浙中方伯，此亦军兴以来一仅见之事。渠用兵得一暇字诀，不特其平日从容整理，即其临阵，亦回翔审慎，定静安虑。弟理繁之才胜于迪庵，唯临敌恐不能如其镇静。至于与官场交接，吾兄弟患在略识世态而又怀一肚皮不合时宜，既不能硬，又不能软，所以到处寡合。迪庵妙在全不识世态，其腹中虽也怀些不合时宜，却一味浑含，永不发露。我兄弟则时时发露，终非载福之道。雪琴与我兄弟最相似，亦所如寡合也。弟当以我为戒，一味浑厚，绝不发露，将来养得纯熟，身体也健旺，子孙也受用，无惯习机械变诈，恐愈久而愈薄耳。李云麟尚在吉安营否？其上我书，才识实超流辈，亦不免失之高亢，其弊与我略同。

长沙官场，弟亦通信否？此等酬应自不可少，当力矫我之失而另立途辙。余生平制行有似萧望之、盖宽饶一流人，常恐终蹈祸机，故教弟辈制行早蹈中和一路，勿效我之褊激也。黄子春丁外艰，大约年内回省，新任又不知何人。吾邑县运，如王、刘之没，可谓不振；迪庵之简放，可谓极盛。若能得一贤令尹来，则受福多矣。

余身体平安，近日心血积亏，略似怔忡之象。上下四宅小大安好，诸儿读书如常，无劳远注。

咸丰七年十二月初六日

致九弟·无本不立，无文不行

沅甫九弟左右：

正月十七日蒋一等归，接十一日信，藉悉一切。次青处回信及密件，弟办理甚好。

民宜爱而刁民不必爱，绅宜敬而劣绅不必敬。弟在外能如此调理分明，则凡兄之缺臆，弟可一一为我弥缝而匡救之矣。

昨信言无本不立，无文不行。大抵与兵勇及百姓交际，只要此心真实爱之，即可见亮于下。余之所以颇得民心、勇心者，此也。与官员及绅士交际，则心虽有等差，而外之仪文不可不稍隆，余之所以不获于官场者，此也。

去年与弟握别之时，谆谆嘱弟以效我之长，戒我之短。数月以来，观弟一切施行，果能体此二语，欣慰之至。唯作事贵于有恒，精力难于持久，必须日新又新，慎而加慎，庶几常葆令名，益崇德业。

咸丰八年正月十九日

致九弟·时时以平和二字相勖

沅甫九弟左右：

春二、安五归，接手书，知营中一切平善，至为欣慰。

次青二月以后无信寄我，其眷属至江西，不知果得一面否？接到弟寄胡中丞奏伊人浙之稿，未知果否成行？

顷得耆中丞十三日书言，浙省江山、兰溪两县失守，调次青前往会剿。是次青近日声光，亦渐渐脍炙人口。广信、衢州两府不失，似浙中终可无虑，未审近事究复如何？广东探报，言逆夷有船至上海，亦恐其为金陵余孽所攀援。若无此等意外波折，则洪、杨股匪不患今岁不平耳。

九江竟尚未克，林启荣之坚忍实不可及。闻麻城防兵于三月十日小挫一次，未知确否？弟于次青、迪、厚、雪琴等处须多通音问，俾余亦略有见闻也。

兄病体已愈十之七八，日内并未服药，夜间亦能熟睡。至子丑以后则醒，是中年后人常态，不足异也。湘阴吴贞阶司马于二十六日来乡，是厚庵嘱其来一省视，次日归去。

余所奏报销大概规模一折，奉朱批"该部议奏"。户部于二月初九日复奏，言"曾国藩所拟尚属妥协"云云。至将来需用部费，不下数万。闻杨、彭在华阳镇抽厘，每月可得二万，系雪琴督同凌荫庭、刘国斌等经纪其事，其银归水营杨、彭两大股分用。余偶言可从此项下设法筹出部费，贞阶力赞其议，想杨、彭亦必允从。此款有着，则余心又少一牵挂。

温弟丰神较峻，与兄之伉直简僇虽微有不同，而其难于谐世，则殊途而同归，余常用为虑。大抵胸多抑郁，怨天尤人，不特不可以涉世，亦非所以养德；不特无以养德，亦非所以保身。中年以后，则肝肾交受其病。盖郁而不畅则伤木，心火上烁则伤水，余今日之目疾及夜不成寐，其由来不外乎此。故于两弟时时以平和二字相勖，幸勿视为老生常谈，至要至嘱。

亲族往弟营者人数不少，广厦万间，本弟素志。第善觇国者，睹贤哲在位，则卜其将兴；见冗员浮杂，则知其将替。善觇军者亦然。似宜略为分别，其极无用者，或厚给途费遣之归里，或酌赁民房令住营外，不使军中有惰漫喧杂之象，庶为得宜。至顿兵城下为日太久，恐军气渐懈，如雨后已弛之弓，三日已腐之馔，而主者晏然，不知其不可用，此宜深察者也。附近百姓果有骚扰情事否？此亦宜深察者也。

咸丰八年三月三十日

致九弟·不外敬恕二字

沅甫九弟左右：

十三日安五等归，接手书，藉悉一切。抚、建各府克复，唯吉安较迟，弟意自不能无介介。然四方围逼，成功亦当在六、七两月耳。

澄侯弟往永丰一带吊各家之丧，均要余作挽联。余挽贺映南之夫人云：

柳絮因风，阃内先芬堪继武姓谢；

麻衣如雪，阶前后嗣总能文。

挽胡信贤之母云：

元女太姬，祖德溯二千余载；

周姜京室，帝梦同九十三龄（胡母九十三岁）。

近来精力日减，唯此事尚觉如常。澄弟谓此亦可卜其未遽衰也。

袁漱六之戚郑南乔自松江来，还往年借项二百五十两，具述漱六近状，官声极好，宪眷极渥，学问与书法并大进，江南人仰望甚至，以慰以愧。

余昔在军营不妄保举，不乱用钱，是以人心不附。仙屏在营，弟须优保之，借此以汲引人才。余未能超保次青，使之沉沦下位，至今以为大愧大憾之事。仙屏无论在京在外，皆当有所表见。成章鉴是上等好武官，亦宜优保。

弟之公牍信启，俱大长进。吴子序现在何处？查明见复，并详问其近况。

余身体尚好，唯出汗甚多，三年前虽酷暑而不出汗，今胸口汗珠累累，而肺气日弱，常用惕然。甲三体亦弱甚，医者劝服补剂，余未敢率尔也。弟近日身体健否？

再者，人生适意之时，不可多得。弟现在上下交誉，军民咸服，颇称适意，不可错过时会，当尽心竭力，做成一个局面。圣门教人不外敬恕二字，天德王道，彻始彻终，性功事功，俱可包括。

余生平于敬字无工夫，是以五十而无所成。至于恕字，在京时亦曾讲求及之。近岁在外，恶人以白眼藐视京官，又因本性倔强，渐近于愎，不知不觉做出许多不恕之事，说出许多不恕之话，至今愧耻无已。弟于恕字颇有工夫，天质胜于阿兄一筹。至于敬字则亦未尝用力，宜从此日致其功，于《论语》之九思，《玉藻》之九容，勉强行之。临之以庄，则下自加敬。习惯自然，久久遂成德器，庶不至徒做一场话说，四十五十而无闻也。

咸丰八年五月十六日

谕纪泽·君子之道，莫大乎与人为善

字谕纪泽：

十月十一日接尔安禀，内附隶字一册。二十四日接澄叔信，内附尔临《元教碑》一册。王五及各长夫来，具述家中琐事甚详。

尔信内言读《诗经》注疏之法，比之前一信已有长进。凡汉人传注、唐人之疏，其恶处在确守故训，失之穿凿；其好处在确守故训，不参私见。释谓为勤，尚不数见，释言为我，处处皆然，盖亦十口相传之诂，而不复顾文气之不安。如《伐木》为文王与友人人山，《鸳鸯》为明王交于万物，与尔所疑《螽斯》章解，同一穿凿。朱子《集传》，一扫旧障，专在涵泳神味，虚而与之委蛇。然如《郑风》诸什注疏以为皆刺忽者固非，朱子以为皆淫奔者，亦未必是。尔治经之时，无论看注疏，看宋传，总宜虚心求之。其惬意者，则以朱笔识出；其怀疑者，则以另册写一小条，或多为辨论，或仅著数字，将来疑者渐晰，又记于此条之下，久久渐成卷帙，则自然日进。高邮王怀祖先生父子，经学为本朝之冠，皆自札记得来。吾虽不及怀祖先生，而望尔为伯申氏甚切也。

尔问时艺可否暂置，抑或它有所学？余唯文章之可以道古，可以适今者，莫如作赋。汉魏六朝之赋，名篇巨制，具载于《文选》，余尝以《西征》、《芜城》及《憾》、《别》等赋示尔矣。其小品赋，则有《古赋识小录》。律赋，则有本朝之吴毅人、顾耕石、陈秋舫诸家。尔若学赋，可于每三、八日作一篇大赋，或数千字，小赋或仅数十字，或对或不对，均无不可。此事比之八股文略有意趣，不知尔性与之相近否？尔所临隶书《孔宙碑》，笔太拘束，不甚松活，想系执笔太近毫之故，以后须执于管顶。余以执笔太低，终身吃亏，故教尔趁早改之。《元教碑》墨气甚好，可喜可喜。郭二姻叔嫌左肩太俯，右肩太耸，吴子序年伯欲带归示其子弟。尔字姿于草书尤相宜，以后专习真、草二种，篆、隶置之可也。四体并习，恐将来不能一工。

余癣疾近日大愈，目光平平如故。营中各勇夫病者，十分已好六七，未尚未复元，不能拔营进剿，良深焦灼。闻甲五目疾十愈八九，忻慰之至。尔为下辈之长，须常常存个乐育诸弟之念。君子之道，莫大乎与人为善，况兄弟乎？临三、昆八系亲表兄弟，尔须与之互相劝勉。尔有所知，常常与之论，则彼此并进矣。此谕。

咸丰八年十月二十五日

致诸弟·和气致祥，乖气致戾

澄侯、沅甫、季洪老弟左右：

二十五日闻三河败挫之信，专安七、玉四送信回家。三十日就县局回勇之便，又寄一信。初五日又专吉字营勇，送九弟湖口所发之信，其时尚幸温弟当无恙也。兹又阅八日，而竟无确信，吾温弟其果殉节矣，呜呼恸哉！

温弟少时性情高傲，未就温和，故吾以"温甫"字之。六年，在瑞州相见，则喜其性格之大变，相亲相友，欢欣和畅。去年在家，因小事而生嫌衅，实吾度量不闳，辞气不平，有以致之，实有愧于为长兄之道。千愧万悔，夫复何言！

自去冬今春以来，吾喜温弟之言论风旨，洞达时势，综括机要。出门以后，至兰溪相见，相亲相友，和畅如在江西瑞州之时。八九月后屡次来信，亦皆和平稳惬，无躁无矜。方意渠与迪庵相处，所依得人，必得名位俱进，不料遘祸如是之惨！迪庵一军，所向无前，立于不败之地。不特余以为然，即数省官绅军民，人人皆以为然。此次大变，迪庵与温弟皆不得收葬遗骨，伤心曷极！

现在官制军、骆中丞皆奏请余军驰赴江北，计十五六及月杪可先后奉旨。如命余赴皖楚之交，余留萧浚川一军防剿江闽，自率张、吴、朱、唐及吉字中营赴皖，必求攻破三河贼垒，收寻温弟遗骸，然后有以对吾亲于地下。若谕旨令余留办闽贼，则三河地方不知何年方有兵去，尤为痛悼！

九弟久无信来，想竟回家矣。想过蕲、黄等处，闻温弟确耗，不审如何哀痛？何无一字寄我？自九江至长沙，水路二千余里，溜急而风亦难顺，不知途次若何愁闷？如能迅速到家，亦是快慰之一端。

去年我兄弟意见不和，今遭温弟之大变，和气致祥，乖气致戾，果有明征。嗣后我兄弟当以去年为戒，力求和睦。第一要安慰叔父暨六弟妇嫡、庶二人之心。命纪泽、纪梁、纪鸿、纪渠、纪瑞等轮流到老屋久住，五十、大妹、二妹等亦轮流常去。并请亦山先生常住白玉堂，安慰渠姊之心。二要改葬二亲之坟。如温弟之变果与二坟相关，则改葬可以禳凶而迪吉；若温弟事不与二坟相关，亦宜改葬，以符温弟生平之议论，以慰渠九泉之孝思。三要勤俭。吾家后辈子女，皆趋于逸欲奢华，享福太早，将来恐难到老。嗣后诸男在家勤洒扫，出门莫坐轿；诸女学洗衣，学煮菜烧茶。少劳而老逸犹可，少甘而老苦则难矣。至于家中用度，断不可不分。凡吃药、染布及在省在县托买货物，若不分开，则彼此以多为贵，以奢为尚，漫无节制，此败家之气象也。千万求澄弟分别用度，力求节省。吾断不于分开后私寄银钱，凡寄一钱，皆由澄弟手经过耳。

温弟殉难事，吾当另奏一折。九弟在湖北若得悉温弟初十日详细情形，望飞速告我，以便人奏。若希庵有详信来，吾即先奏亦可。纪寿侄目清眉耸，忠义之后，当有出息，全家皆宜另目看之。至嘱至嘱。

咸丰八年十一月十二日

致诸弟·将劳、谦、廉三字时时自惕

沅弟、季弟左右：

账棚即日赶办，大约五月可解六营，六月再解六营，使新勇略得却暑也。小抬枪之药与大炮之药此间并五分别，亦未制造两种药。以后定每月解药三万斤至弟处，当不致更有缺乏。王可升十四日回省，其老营十六可到。到即派往芜湖，免致南岸中段空虚。

雪琴与沅弟嫌隙已深，难遽期其水乳。沅弟所批雪信稿，有是处，亦有未当处。弟谓雪声色俱厉，凡目能见千里而不能自见其睫，声音笑貌之拒人，每苦于不自见，苦于不自知。雪之厉，雪不自知；沅之声色，恐亦未始不厉，特不自知耳。曾记咸丰七年冬，余咎骆公、文、耆待我之薄，温甫则曰："兄之面色，每予人以难堪。"又记十一年春，树堂深咎张泮山简傲不敬，余则谓树堂面色亦拒人于千里之外。观此二者，则沅弟面色之厉，得毋似余与树堂之不自觉乎？

余家目下鼎盛之际，余忝窃将相，沅所统近二万人，季所统四五千人，近世似此者曾有几家？沅弟半年以来，七拜君恩，近世似弟者曾有几人？日中则昃，月盈则亏，吾家亦盈时矣。管子云："斗斛满则人概之，人满则天概之。"余谓天之概无形，仍假手于人以概之。霍氏盈满，魏相概之，宣帝概之；诸葛恪盈满，孙峻概之，吴主概之。待他人之来概而后悔之，则已晚矣。吾家方丰盈之际，不待天之来概，人之来概，吾与诸弟当设法先自概之。

自概之道云何？亦不外清、慎、勤三字而已。吾近将清改为廉字，慎字改为谦字，勤字改为劳字，尤为明浅，确有可下手之处。

沅弟昔年于银钱取与之际不甚斟酌，朋辈之讥议菲薄，其根实在于此。去冬之买犁头嘴、栗子山，余亦大不谓然。以后宜不妄取分毫，不寄银回家，不多赠亲族，此廉字工夫也。

谦之存诸中者不可知，其着于外者约有四端：曰面色，曰言语，曰书函，曰仆从、属员。沅弟一次添招六千人，季弟并未禀明径招三千人，此在他统领所断做不到者，在弟尚能集事，亦算顺手。而弟等每次来信索取账棚、子药等件，常多讥讽之词，不平之语，在兄处书函如此，则与别处书函更可知矣。沅弟之仆从随员颇有气焰，面色言语，与人酬接时，吾未及见，而申夫曾述及往年对渠之词气，至今饮憾。以后宜于此四端痛加克治，此谦字工夫也。

每日临睡之时，默数本日劳心者几件，劳力者几件，则知宣勤王事之处无多，更竭诚以图之，此劳字工夫也。

余以名位太隆，常恐祖宗留诒之福自我一人享尽，故将劳、谦、廉三字时时自惕，亦愿两贤弟之用以自惕，且即以自概耳。

湖州于初三日失守，可悯可敬。

同治元年五月十五日

致诸弟·常存冰渊惴惴之心

沅弟、季弟左右：

专丁来信，应复者条列如左：

援贼大至，余甚为悬系。崇天义张姓，似是去春守徽州者，诡计甚多，打硬仗亦不甚悍。伪忠王前年十月在羊栈岭、去年春在建昌等处，均不甚悍，专讲避实击虚。弟所部新勇太多，总以"不出濠浪战"五字为主。如看确贼之伎俩，偶然一战，则听弟十分审慎出之，余但求弟自固耳。

上海军情，昨已将少荃信钞寄。周沐润业经批令来皖帮办文案。许悖诗有才而名声太坏。南坡专好用名望素劣之人，如前用湖南胡听泉、彭器之、李茂斋，皆为人所指目，即与裕时卿、金眉生交契，亦殊非正人行径。弟与南坡至好，不可不知其所短。余用周弢甫，亦系许、金之流。近日两奉寄谕查询，亦因名望太劣之故。毁誉悠悠之口，本难尽信，然君子爱惜声名，常存冰渊惴惴之心。盖古今因名望之劣而获罪者极多，不能不慎修以远罪。吾兄弟于有才而无德者，亦当不没其长而稍远其人。

同治元年六月初十日

致九弟·有德者畏疑谤之无因，
而抑然自修，则谤亦日熄

沅弟左右：

此次洋枪合用，前次解去之百支果合用否？如有不合之处，一一指出，盖前次亦花大价钱买来，若过于吃亏，不能不一一与之申说也。

吾因近日办事，名望关系不浅，以鄂中疑季之言相告，弟则谓我不应述及。外间指摘吾家昆弟过恶，吾有所闻，自当一一告弟，明责婉劝，有则改之，无则加勉，岂可秘而不宣？

鄂之于季，自系有意与之为难。名望所在，是非于是乎出，赏罚于是乎分，即饷之有无亦于是乎判。去冬金眉生被数人参劾，后至抄没其家，妻孥中夜露立，岂果有万分罪恶哉？亦因名望所在，赏罚随之也。

众口悠悠，初不知其所自起，亦不知其所由止。有才者忿疑谤之无因，而悍然不顾，则谤且日腾；有德者畏疑谤之无因，而抑然自修，则谤亦日熄。吾愿弟等之抑然，不愿弟等之悍然。愿弟等敬听吾言，手足式好，同御外侮；不愿弟等各逞己见，于门内计较雌雄，反忘外患。

至阿兄忝窃高位，又窃虚名，时时有颠坠之虞。吾通阅古今人物，似此名位权势，能保全善终者极少。深恐吾全盛之时，不克庇荫弟等，吾颠坠之际，或致连累弟等。唯于无事时常以危词苦语互相劝诫，庶几免于大戾。酷热不能治事，深以为苦。

同治元年六月二十日

致诸弟·凡危急之时，只有在己者靠得住

沅弟、季弟左右：

都将军派兵四营来助守，固属可喜，而亦未必可恃。凡危急之时，只有在己者靠得住，其在人者，皆不可靠。恃之以守，恐其临危而先乱；恃之以战，恐其猛进而骤退。幸四营人数不多，或不致搅动弟处全局。否则彼军另有风气，另有号令，恐非徒无益，而反有损，弟宜谨慎用之。去年春间，弟不要陈大富一军，又不留成大吉一军，予深喜弟之有识有志也。

子药银米，予刻刻不忘，弟刻刻宜存节省之意，不必函函苦催。大约弟设身处地所能办到者，兄亦必能办到；兄所束手不能办者，虽弟设身处地，亦无如何也。

同治元年九月十三日

致九弟·"花未全开月未圆"乃惜福保泰之道

沅弟左右：

二日未寄信与弟，十七夜接弟初九日信，知弟左臂疼痛不能

伸缩，实深悬系。兹专人送膏药三个与弟，即余去年贴右臂而立愈者，可试贴之，有益无损也。

"拂意之事接于耳目"，不知果指何事？若与阿兄间有不合，则尽可不必拂郁。弟有大功于家，有大功于国，余岂有不感激、不爱护之理？余待希、厚、雪、霆诸君，颇自觉仁让兼至，岂有待弟反薄之理？唯有时与弟意趣不合。弟之志事，颇近春夏发舒之气；余之志事，颇近秋冬收啬之气。弟意以发舒而生机乃旺，余意以收啬而生机乃厚。平日最好昔人"花未全开月未圆"七字，以为惜福之道、保泰之法莫精于此，曾屡次以此七字教诫春霆，不知与弟道及否？星冈公昔年待人，无论贵贱老少，纯是一团和气，独对子孙诸侄则严肃异常，遇佳时令节，尤为懔懔不可犯，盖亦具一种收啬之气。不使家中欢乐过节，流于放肆也。余于弟营保举、银钱、军械等事，每每稍示节制，亦犹本"花未全开月未圆"之义。至危迫之际，则救焚拯溺，不复稍有所吝矣。弟意有不满处，皆在此等关头，故将余之襟怀揭出，俾弟释其疑而豁其郁，此关一破，则余兄弟丝毫皆合矣。余不一一，顺问近好。

兄国藩手草

再，余此次应得一品荫生，已于去年八月咨部，以纪瑞侄承荫，因恐弟辞让，故当时仅告澄而未告弟也。将来瑞侄满二十岁时，纪泽已三十矣，同去考荫，同当部曹。若能考取御史，亦不失世家气象。以弟于祖父兄弟宗族之间竭力竭诚，将来后辈必有可观。目下小恙断不为害，但今年切不宜亲自督队耳。又行。

同治二年正月十八日

致九弟·过谦则近于伪，过让则近于矫

沅弟左右：

初五日夜接弟初二日信，具悉一切。

辞谢之说，余亦熟思之。谓才不胜任，则现在并不履浙江任；谓请改武职，则廪生优贡出身，岂有改武之理？且过谦则近于伪，过让则近于矫。谓请改京卿，则以巡抚而兼头品顶戴，必改为侍郎，断无改三品卿之理。三者均难着笔，只得于谢折之中，极自明其惝怍之意。其改武一层，弟以后不宜形诸笔墨，恐人疑为矫伪不情也。谢折应专弁赍京。季弟立祠、予谥谢折，拟兄弟会衔具奏。

六安于初二日解围，闻忠酋未上英、霍，已回庐郡一路，大约仍由巢、含下窜。所虑者有三层：一则由九袱洲南渡，再行猛扑雨花台大营，如十年春得杭不守，速回攻扑和、张之故智；一则不得志于上游，将力攻扬州、里下河，以图一逞；一则因太仓州已破，回救苏州。余拟檄蒋、成、毛攻苗以援寿州，檄鲍由柘皋进巢北，檄彭、刘、萧由东关以进巢左。俟六安确信到，再行分别咨札。弟处防忠酋，已妥为堤备否？尚须调营回金陵否？顺问近好。

国藩手草

同治二年四月初六日

致九弟·担当大事，全在明强二字

沅弟左右：

来信"乱世功名之际，尤为难处"十字，实获我心。本日余有一片，亦请将钦篆、督篆二者分出一席，另简大员。吾兄弟常存此兢兢业业之心，将来遇有机缘，即便抽身引退，庶几善始善终，免蹈大戾乎？至于担当大事，全在明强二字。《中庸》学、问、思、辨、行五者，其要归于愚必明，柔必强。弟向来倔强之气，却不可因位高而顿改。凡事非气不举，非刚不济，即修身齐家，亦须以明强为本。

巢县既克，和、含必可得手。以后进攻二浦，望弟主持一切，余相隔太远，不遥制也。

同治二年四月二十七日

致九弟·强字须从明字做出

沅弟左右：

初十夜接初六日专人来信，具悉一切。鹤侪揩留弟营委员至三个月之久，宜弟恚怒不平。弟去之严札，其是处余以圆圈识之，其太繁处余以尖圈识之。乔来之戆禀，余亦以圆圈尖圈识之。何铣之事，本拟俟筠仙查复后再行严办。今筠公有抚粤之行，后来者不知为谁。意欲严惩何铣，竟不知如何下手乃为恰如题分。盖谴罚有罪，亦须切当事理，乃服人心。筠、南二公日，内必到此间，商定后再行举发可也。

近人折稿，弟处咨到者少，余当饬抄成本，陆续寄去，每月寄送二分。古人奏疏，亦当抄二三十篇，以备揣摩。强字原是美德，余前寄信亦谓明强二字断不可少。第强字须从明字做出，然后始终不可屈挠。若全不明白，一味横蛮，待他人折之以至理，证之以后效，又复俯首输服，则前强而后弱，京师所谓瞎闹者也。余亦并非不要强之人，特以耳目太短，见事不能明透，故不肯轻于一发耳。又吾辈方鼎盛之时，委员在外，气馅薰灼，言语放肆，往往令人难近。吾辈若专尚强劲，不少敛抑，则委员仆从等不闹大祸不止。盐务规复引地，余有寄南坡一信，抄稿付阅。所索子药太多，候酌发之。即问近好。

国藩手草

同治二年七月十一日

致九弟·愿弟常存畏天之念

沅弟左右：

二十日接十六日信，二十一日接十一日交雷哨官信，具悉一切。

杏南未愈而萧、伍复病，至为系念。亲兵独到而丁道之匠头未到。丁道以前二年在福建寄信来此，献硼炮之技。去年十一月到皖，已试验两次，毫无足观。居此半年，苟有长技，余方求之不得，岂肯弃而不用。渠在此无以自长，愿至金陵一为效用，余勉许之。至欲在雨花台铸炮，则尽可不必。待渠匠头来此，如需用他物，或可发给，若需锅铁及铸炮等物，则不发也。

凡办大事，以识为主，以才为辅；凡成大事，人谋居半，天意居半。往年攻安庆时，余告弟不必代天作主张。墙濠之坚，军心之固，严断接济，痛剿援贼，此可以人谋主张者也；克城之迟速，杀贼之多寡，我军士卒之病否，良将之有无损折，或添他军来助围师，或减围师分援他处，或功隳于垂成，或无心而奏捷，此皆由天意主张者也。譬之场屋考试，文有理法才气，诗不错平仄抬头，此人谋主张者也；主司之取舍，科名之迟早，此天意主张者也。若恐天意难凭，而广许神愿；若恐人谋未臧，而多方设法，皆无识者之所为。

弟现急求克城，颇有代天主张之意。愿弟常存畏天之念。而慎静以缓图之，则善耳。顺问近好。

兄国藩手草

弟于吾劝诫之信，每不肯虚心体验，动辄辩论，此最不可。吾辈居此高位，万目所瞻。凡督抚是己非人、自满自足者，千人一律。君子大过人处，只在虚心而已。不特吾之言当细心寻绎，凡外间有逆耳之言，皆当平心考究一番。故古人以居上位而不骄为极难。兄又及。

同治二年七月二十一日

致九弟·只可畏天知命，不可怨天尤人

沅弟左右：

十九日接弟十六日信，具悉上海解到十三万六千，合之前批之银三万钱二万串，共得银十八万有奇。春霆分去五万，合之大通之二万，又由江外粮台再解二万，即足九万之数。加以簏轩所办之米四千石，霆营尽可起程援江矣。弟收沪银十三万零，今日再由江外粮台解去六万，合之各卡厘金，计亦可勉强不决裂，实天幸也。

深信器重，施之于富或容有之，施之于冯则甚确。富欲派六千人助剿金陵，亦有信到此间，拟复信令其调回北岸，守六合而保里下河，预防湖北股匪。十二日之片，亦已发其端矣。事事落人后着，不必追悔，不必怨人。此等处总须守定"畏天知命"四字。

金陵之克，亦本朝之大勋，千古之大名，全凭天意主张，岂尽关乎人力？天于大名，吝之惜之，千磨百折，艰难拂乱而后予之。老氏所谓"不敢为天下先"者，即不敢居第一等大名之意。弟前岁初进金陵，余屡信多危悚儆戒之辞，亦深知大名之不可强求。

今少荃二年以来屡立奇功，肃清全苏。吾兄弟名望虽减，尚不致身败名裂，便是家门之福。老师虽久而朝廷无贬辞，大局无他变，即是吾兄弟之幸。只可畏天知命，不可怨天尤人。所以养

身却病在此，所以持盈保泰亦在此。千嘱千嘱，无煎迫而致疾也。顺问近好。

同治三年四月二十日

致九弟·凡郁怒最易伤人

沅弟左右：

昨日余宗发归，寄一信，想可先到。接胡莲舫咨，广东解银四万八千零至金陵大营，不知到否？自贼窜江西，余即寄信与筠仙，恐江右道梗，请将粤饷全由海道径达上海，以解金陵。筠仙之复信早已接到，而饷则至今未到，粤厘日见日减，良可深虑。筠仙深不以吴公昌寿为然。而吴公在粤在京，物望极美，不日即将履鄂抚之任，未知果贤于旧令尹否？兹将筠仙前来密缄抄达弟览。

弟之内疾外症果愈几分？内疾外症果愈几分？凡郁怒最易伤人。余有错处，弟尽可一一直说。人之忌我者，唯愿弟做错事，唯愿弟之不恭；人之忌弟者，唯愿兄做错事，唯愿兄之不友。弟看破此等物情，则知世路之艰险，而心愈抑畏，气反愈平和矣。顺问近好。

同治三年五月二十三日

致九弟·但求尽吾心之所能及，
而不必遽希千古万难攀跻之人

沅弟左右：

贡院九月可以毕工，大慰大慰。但规模不可狭小，工程不可草率。吾辈办事，动作百年之想。此间所购木料，中秋前可到一批，九月再到一批。

弟中怀抑郁，余所深知。究竟弟所成就者，业已卓然不朽。古人称立德、立功、立言为三不朽，立德最难，自周、汉以后，罕见以德传者。立功如萧、曹、房、杜、郭、李、韩、岳，立言如马、班、韩、欧、李、杜、苏、黄，古今曾有几人？吾辈所可勉者，但求尽吾心力之所能及，而不必遽希千古万难攀跻之人。弟每取立言中之万难攀跻者，而将立功中之稍次者一概抹杀，是孟子钩金舆羽，食重礼轻之说也。

呜呼可哉？不若就现有之功，而加之以读书养气，小心大度，以求德日进，言日醇。譬如筑室，弟之立功已有绝大基址，绝好结构，以后但加装修工夫，何必汲汲皇皇，茫若无主乎？刘、朱两军望弟迅速发来，必须安庆六县无贼，兄乃可速赴金陵，至要至要。

同治三年八月初五日

致诸弟·悠悠疑忌之来，只堪付之一笑

澄弟、沅弟左右：

沅弟病虽愈，而尚黄瘦，实深悬系。建非常之功勋，而疑谤交集，虽贤哲处此，亦不免于抑郁牢骚。然盖世之事业既已成就，寸心究可自怡而自慰。悠悠疑忌之来，只堪付之一笑。但祝积年之劳伤湿毒日渐轻减，则正气日旺，固可排遣一切耳。舫仙知沅颇深，感恩尤切，每言沅公精神极好，后来勋业方长，区区小病，不足为虑。余闻之常为一慰。李季荃与舫仙亲如骨肉，言其功劳极大，牢骚甚深，而病颇可虑。余观季荃虽瘦削异常，而精神尚足，当无他虞。

兄抵临淮，罗、张、朱六营于初二日到，刘松山亦到。雉河集之围危急如故，刘铭传一军日间可到，不知能解围否。若果解围，则西窜河南、湖北，恐不出沅弟所料。若各路重兵齐到，而卒不能解围，则中原糜烂矣。

余身体尚好，唯朱、唐、金三军闹饷，处置宽严皆有不宜，寸心忧灼。蒙、亳、宿、颍一带人心甚坏，亲近捻匪，仇视官兵，亦久乱之气象也。

同治四年六月初五日

致九弟·向平实处用功

沅弟左右：

日内有战事否？留霆军剿任、赖一股，昨已附片具奏，另咨弟案。嗣后奏事，宜请人细阅熟商，不可一意孤行，是己非人，为嘱。

弟克复两省，勋业断难磨灭，根基极为深固。但患不能达，不患不能立；但患不稳适，不患不峥嵘。此后总从波平浪静处安身，莫从掀天揭地处着想。吾亦不甘为庸者，近来阅历万变，一味向平实处用功，非委靡也，位太高，名太重，不如是，皆危道也。

同治六年正月二十二日

致九弟·吾生平长进全在受挫辱之时

沅弟左右：

十八之败，杏南表弟阵亡，营官亡者亦多，计亲族邻里中或及于难，弟日内心绪之忧恼，万难自解。然事已如此，只好硬心狠肠，付之不问，而一意料理军务，补救一分即算一分。弟已立大功于前，当即使屡挫，识者犹当恕之。比之兄在岳州、靖港败后栖身高峰寺，胡文忠在夅山败后舟居六溪口，气象犹当略胜。高峰寺、六溪口尚可再振，而弟今不求再振乎？

此时须将劾官相之案、圣眷之隆替、言路之弹劾一概不管。袁了凡所谓"从前种种譬如昨日死，以后种种譬如今日生"，另起锅灶，重开世界。安知此两番之大败，非天之磨炼英雄，使弟大有长进乎？谚云"吃一堑长一智"，吾生平长进全在受挫辱之时。务须咬牙励志，蓄其气而长其智，切不可苶然自馁也。

同治六年二月二十九日

致四弟·不贪财、不取巧、不沽名、不骄盈

澄弟左右：

沅弟治军甚不得手。二月十八之败，杏南、葆吾而外，营官殉难者五人，哨勇死者更多，而春霆又与沅弟龃龉。运气一坏，万弩齐发。沅弟急欲引退，余意此时名望大损，断无遽退之理，必须忍辱负重，咬牙做去，待军务稍转，人言稍息，再谋奉身而退。作函劝沅，不知弟肯听否？

处兹乱世，凡高位、大名、重权三者，皆在忧危之中。余已于三月六日入金陵城，寸心惕惕，恒惧罹于大戾。弟来信劝我总宜遵旨办理，万不可自出主意。余必依弟策而行，尽可放心。祸咎之来，本难逆料，然唯不贪财、不取巧、不沽名、不骄盈四者，究可弥缝一二。

同治六年三月初七日

交友卷

致诸弟·求友匡己，大益也

诸位贤弟足下：

十一月十七寄第三号信，想已收到。父亲到县纳漕，诸弟何不寄一信，交县城转寄省城也？以后凡遇有便，即须寄信，切要切要。九弟到家，遍走各亲戚家，必各有一番景况，何不详以告我？

四妹小产以后，生育颇难，然此事最大，断不可以人力勉强，劝渠家只须听其自然，不可过于矜持。又闻四妹起最晏，往往其姑反服事他，此反常之事，最足折福。天下未有不孝之妇而可得好处者，诸弟必须时劝导之，晓之以大义。

诸弟在家读书，不审每日如何用功？予自十月初一立志自新以来，虽懒惰如故，而每日楷书写日记，每日读史十页，每日记"茶余偶谈"一则，此三事未尝一日间断。十月二十一日立誓永戒吃水烟，泊今已两月不吃烟，已习惯成自然矣。予自立课程甚多，唯记"茶余偶谈"、读史十页、写日记楷本此三事者，誓终身不间断也。诸弟每人自立课程，必须有日日不断之功，虽行船走路，俱须带在身边。予除此三事外，他课程不必能有成，而此三事者，将终身以之。

前立志作曾氏家训一部，曾与九弟详细道及。后因采择经史，若非经史烂熟胸中，则割裂零碎，毫无线索。至于采择诸子各家之言，尤为浩繁，虽钞数百卷，犹不能尽收。然后知古人作《大学衍义》、《衍义补》诸书，乃胸中自有条例，自有议论，而随便引书以证明之，非翻书而遍钞之也。然后知著书之难，故暂且不作曾氏家训。若将来胸中道理愈多，议论愈贯串，仍当为之。

现在朋友愈多，讲躬行心得者，则有镜海先生、艮峰前辈、吴竹如、窦兰泉、冯树堂；穷经知道者，则有吴子序、邵蕙西；讲诗、文、字而艺通于道者，则有何子贞；才气奔放则有汤海秋；英气逼人、志大神静，则有黄子寿。又有王少鹤（名锡振，广西主事，年二十七岁，张筱浦之妹夫）、朱廉甫（名琦，广西乙未翰林）、吴莘畲（名尚志，广东人，吴抚台之世兄）、庞作人（名文寿，浙江人），此四君者，皆闻予名而先来拜，虽所造有浅深，要皆有志之士，不甘居于庸碌者也。京师为人文渊薮，不求则无之，愈求则愈出。近来闻好友甚多，予不欲先去拜别人，恐徒标榜虚声。盖求友以匡己之不逮，此大益也；标榜以盗虚名，是大损也。天下有益之事，即有足损者寓乎其中，不可不辨。黄子寿近作《选将论》一篇，共六千余字，真奇才也。子寿戊戌年始作破题，而六年之中遂成大学问，此天分独绝，万不可学而至，诸弟不必震而惊之。予不愿诸弟学他，但愿诸弟学吴世兄、何世兄。吴竹如之世兄，现亦学艮峰先生写日记，言有矩，动有法，其静气实实可爱。何子贞之世兄，每日自朝至夕总是温书，三百六十日，除作诗文时，无一刻不温书，真可谓有恒者矣。故予从前限功课教诸弟，近来写信寄弟，从不另开课程，但教诸弟有恒而已。

盖士人读书，第一要有志，第二要有识，第三要有恒。有志，则断不甘为下流；有识，则知学问无尽，不敢以一得自足，如河伯之观海，如井蛙之窥天，皆无识者也；有恒，则断无不成之事。此三者缺一不可。诸弟此时唯有识不可以骤几，至于有志、有恒，则诸弟勉之而已。予身体甚弱，不能苦思，苦思则头晕；不耐久坐，久坐则倦乏。时时属望唯诸弟而已。

明年正月，恭逢祖大人七十大寿，京城以进十为正庆。予本拟在戏园设寿筵，窦兰泉及艮峰先生劝止之，故不复张筵。盖京城张筵唱戏，名为庆寿，实则打把戏。兰泉之劝止，正以此故。现在作寿屏两架，一架淳化笺四大幅，系何子贞撰文并书，字有茶碗口大。一架冷金笺八小幅，系吴子序撰文，予自书。淳化笺系内府用纸，纸厚如钱，光彩耀目，寻常琉璃厂无有也，昨日偶有之，因买四张。子贞字甚古雅，惜太大，万不能寄回。奈何奈何！

侄儿甲三体日胖而颇蠢，夜间小解知自报，不至于湿床褥。女儿体好，最易扶携，全不劳大人费心力。

今年冬间，贺耦庚先生寄三十金，李双圃先生寄二十金，其余尚有小进项。汤海秋又自言借百金与我用，计还清兰溪、寄云外，尚可宽裕过年。统计今年除借会馆房钱外，仅借百五十金，岱云则略多些。岱云言在京已该账九百余金，家中亦有此数，将来正不易还。寒士出身，不知何日是了也！我在京该账尚不过四百金，然苟不得差，则日见日紧矣。

书不能尽言，唯诸弟鉴察。

兄国藩手草

课程

主敬　整齐严肃，无时不惧。无事时心在腔子里，应事时专一不杂。

静坐　每日不拘何时，静坐一会，体验静极生阳来复之仁心，正位凝命，如鼎之镇。

早起　黎明即起，醒后勿沾恋。

读书不二　一书未点完，断不看他书。东翻西阅，都是徇外为人。

读史　《二十三史》每日读十页，虽有事不间断。

写日记　须端楷，凡日间过恶，身过、心过、口过，皆记出，终身不间断。

日知其所亡　每日记"茶余偶谈"一则，分德行门、学问门、经济门、艺术门。

月无忘所能　每月作诗文数首，以验积理之多寡，养气之盛否。

谨言　刻刻留心。

养气　无不可对人言之事，气藏丹田。

保身　谨遵大人手谕：节欲，节劳，节饮食。

作字　早饭后作字，凡笔墨应酬，当作自己功课。

夜不出门　旷功疲神，切戒切戒。

道光二十二年十二月二十日

致诸弟·求友不专，则博爱而不亲

四位老弟左右：

正月二十三日接到诸弟信，系腊月十六在省城发，不胜欣慰。四弟女许朱良四姻伯之孙，兰姊女许贺孝七之子，人家甚好，可贺。唯蕙妹家颇可虑，亦家运也。六弟、九弟今年仍读书省城，罗罗山兄处附课甚好。既在此附课，则不必送诗文与他处看，以明有所专主也。凡事皆贵专，求师不专，则受益也不入；求友不专，则博爱而不亲。心有所专宗，而博观他途以扩其识，亦无不可；无所专宗，而见异思迁，此眩彼夺，则大不可。罗山兄甚为刘霞仙、欧晓岑所推服，有杨生任光者，亦能道其梗概，则其可为师表明矣。惜吾不得常与居游也。在省用钱，可在家中支用（银三十两则够二弟一年之用矣，亦在吾寄一千两之内），予不能别寄与弟也。

我去年十一月二十日到京，彼时无折差回南，至十二月中旬始发信。乃两弟之信骂我糊涂，何不检点至此？赵子舟与我同行，曾无一信，其糊涂更何如耶？余自去年五月底至腊月初未尝接一家信。我在蜀可写信由京寄家，岂家中信不可由京寄蜀耶？又将骂何人糊涂耶？凡动笔不可不检点。

陈尧农先生信至今未接到。黄仙垣未到京。家中付物，难于费心，以后一切布线等物，均不必付。九弟与郑、陈、冯、曹四信，写作俱佳，可喜之至。六弟与我信字太草率，此关乎一生福分，故不能不告汝也。四弟写信语太不圆，由于天分，吾不复责。余容续布，诸唯心照。

兄国藩手具

道光二十四年正月二十六日

致诸弟·情愿人占我的便益，断不肯我占人的便益

澄侯、子植、季洪老弟足下：

自四月二十七日得大考谕旨以后，二十九日发家信，五月十八又发一信，二十九又发一信，六月十八又发一信，不审俱收到否？二十五日接到澄弟六月一日所发信，具悉一切，欣慰之至。

发卷所走各家，一半系余旧友，唯屡次扰人，心殊不安。我自从己亥年在外把戏，至今以为恨事。将来万一作外官，或督抚，或学政，从前施情于我者，或数百，或数千，皆钓饵也。渠若到任上来，不应则失之刻薄，应之则施一报十，尚不足以满其欲。故兄自庚子到京以来，于今八年，不肯轻受人惠。情愿人占我的便益，断不肯我占人的便益。将来若作外官，京城以内无责报于我者。澄弟在京年余，亦得略见其概矣。此次澄弟所受各家之情，成事不说，以后凡事不可占人半点便益，不可轻取人财，切记切记。

彭十九家姻事，兄意彭家发泄将尽，不能久于蕴蓄，此时以女对渠家，亦若从前之以蕙妹定王家也。目前非不华丽，而十年之外，局面亦必一变。澄弟一男二女，不知何以急急定婚若此？

岂少缓须臾，即恐无亲家耶？贤弟行事，多躁少静，以后尚期三思。儿女姻缘前生注定，我不敢阻，亦不敢劝，但嘱贤弟少安无躁而已。

成忍斋府学教授系正七品，封赠一代，敕命二轴。朱心泉县学教谕系正八品，仅封本身，父母则无封。心翁之父母乃貤封也。家中现有《缙绅》，何不一翻阅？牧云一等，汪三入学，皆为可喜。啸山教习，容当托曹西垣一查。

京寓中大小平安。纪泽读书已至"宗族称孝焉"，大女儿读书已至"吾十有五"。

前三月买驴子一头，顷赵炳堃又送一头。二品本应坐绿呢车，兄一切向来简朴，故仍坐蓝呢车。寓中用度比前较大，每年进项亦较多每年俸银三百两，饭银一百两。其他外间进项尚与从前相似。

同乡诸人皆如旧。李竹屋在苏寄信来，立夫先生许以乾馆。余不一一。

兄国藩手草

道光二十七年六月二十七日

谕纪泽·不索穷友之债

字谕纪泽儿：

吾于七月二十五日在太湖县途次痛闻吾母大故，是日仍雇小轿行六十里，是夜未睡，写京中家信料理一切，命尔等眷口于开吊后赶紧出京。二十六夜发信交湖北抚台寄京，二十七发信交江西抚台寄京，两信是一样说话，而江西信更详，恐到得迟，故由两处发耳。唯仓卒哀痛之中，有未尽想到者，兹又想出数条，开示于后：

他人欠我账目，算来亦将近千金。唯同年鄢勘斋敏学，当时听其肤受之愬而借与百金，其实此人并不足惜寄云兄深知此事，今渠已参官，不复论已。此外凡有借我钱者，皆光景甚窘之人，此时我虽窘迫，亦不必向人索取，如袁亲家、黎樾翁、汤世兄、周荇农、邹云陔，此时皆甚不宽裕。至留京公车，如复生同年、吴镜云、李子彦、刘裕轩、曾爱堂诸人，尤为清苦异常，皆万不可向其索取，即送来亦可退还。盖我欠人之账，既不能还清出京，人欠我之账而欲其还，是不恕也。从前黎樾翁出京时亦极窘，而不肯索穷友之债，是可为法。至于胡光伯之八十两，刘仙石之二百千钱，渠差旋时自必还交袁亲家处，此时亦不必告知渠家也。外间有借我者，亦极窘，我亦不写信去问他。

我于二十八、二十九在九江耽搁两日，江西省城公送来奠分银壹千两，余以三百两寄京还债，以西顺兴今年之代捐贡银及寄云兄代买皮货银之类，皆甚紧急，其银交湖北主考带进京，想到京时家眷已出京矣，即交寄云兄择其急者而还之。下剩七百金，以二百余金在省城还账，带四百余金至家办葬事。

驮轿要雇即须二乘，尔母带纪鸿坐一乘，乳妈带六小姐、五小姐坐一乘。若止一乘，则道上与众车不同队，极孤冷也。此外雇空太平车一乘，备尔母道上换用，又雇空轿车一乘，备尔与诸妹弱小者坐，其余用三套头大车。我之主见，大略如此，若不妥当，仍请袁姻伯及毛、黎各老伯斟酌，不必以我言为定准。

李子彦无论中否，皆须出京，可请其与我家眷同行几天。行至雄县，渠分路至保定去，亦不甚绕也。到清江浦雇船，可请郭雨三姻伯雇，或雇湖广划子二只亦可，或至扬州换雇红船，或雇湘乡钓钩子亦可。沿途须发家信，至清江浦托郭姻伯寄信，至扬州托刘星房老伯寄信，至池州托陈姻伯，至九江亦可求九江知府寄，至湖北托常太姻伯寄，以慰家中悬望。信面写法另附一条。

小儿女等须多做几件棉衣，道上十月固冷，船上尤寒也。

御书诗匾及戴醇士、刘菽云所写匾，俱可请裱匠启下，卷起带回。王孝凤借去天图，其底本系郭筠仙送我的，暂存孝凤处，将来请交筠仙。

我船一路阻风，行十一日，尚止走得三百余里，极为焦灼。幸冯树堂由池州回家，来至船上与我作伴，可一同到省，堪慰孤寂，京中可以放心。

江西送奠仪千金外，有门包百金。丁贵、孙福等七人已分去六十金，尚存四十金，将来罗福、盛贵、沈祥等到家，每人可分八九两。渠等在京要支钱，亦可支与他，渠等皆极苦也。

我在九江时，知府陈景曾、知县李福甲午同年皆待我极好。家眷过九江时，我已托他照应，但讨快不讨关（讨关，免关钱也；讨快，但求快快放行，不免关税也）。尔等过时，渠若照应，但可讨快，不可代船户讨免关。

船上最怕盗贼。我在九江时，德化县派一差人护送，每夜安船后，差人唤塘兵打更，究竟好些。家眷过池州时，可求陈姻伯饬县派一差人护送，沿途写一"溜信"，一径护送到湖南，或略好些。若陈姻伯因系亲戚避嫌不肯，则仍至九江求德化县派差护送。每过一县换一差，不过赏大钱二百文。

各处发讣信，现在病不知日，没不知时，不能写信稿，只好到家后再说。

咸丰二年八月初八日

致诸弟·帮人则委屈从人，尚未必果能相合

澄侯、沅甫、季洪三位老弟左右：

温弟之事，家中不知如何举动？至今犹无手信，尚忍言哉？昨希庵接霍山王令信，言迪庵及筱石遗骸业经寻得，兹钞付归。不知我温弟尚能返葬首邱否？吾往年在外，与官场中落落不合，几至到处荆榛，此次改弦易辙，稍觉相安。去年在家，兄弟为小事争竞，今日温弟永不得相见矣。回首前非，悔之何及！

洪弟明年出外，尚须再三筹维。若运气不来，徒然怄气。帮人则委曲从人，尚未必果能相合；独立则劳心苦力，尚未必果能自立。如真能受委曲，能吃辛苦，则家庭亦未始不可处也，望与沅弟酌之。

再，此次寄银百两与刘峙衡之嗣子。我去年丁艰时，峙衡穿青布衣冠来代我治事，至今感之，故以此将意。或专使送去，或交纪泽正月带去，祈酌之。

葛培因昨归于玉山解围案内保举主簿，兹将饬知付回，望专人送去。并望写一信，言明年不可再来投效，来则决不再收，须切实言之，使通境皆闻也。古人言，今日之恩窦即异日之怨门，其理深矣。

咸丰八年十二月十三日

致诸弟·有操守而无官气，多条理而少大言

沅、季弟左右：

辅卿而外，又荐意卿、柳南二人，甚好。柳南之笃慎，余深知之，意卿亮亦不凡。余告筱辅观人之法，以"有操守而无官气，多条理而少大言"为主，又嘱其求润帅、左、郭及沅荐人。以后两弟如有所见，随时推荐，将其人长处、短处一一告知阿兄，或告筱荃。尤以习劳苦为办事之本。引用一班能耐劳苦之正人，日久自有大效。季弟言，出色之人，断非有心所能做得，此语确不可易。名位大小，万般由命不由人，特父兄之教家，将帅之训士，不能如此立言耳。季弟天分绝高，见道甚早，可喜可爱。然办理营中小事，教训弁勇，仍宜以勤字作主，不宜以命字谕众。

润帅先几陈奏以释群疑之说，亦有函来余处矣。昨奉六月二十四日谕旨，实授两江总督，兼授钦差大臣，恩眷方渥，尽可不必陈明。所虑者，苏、常、淮、扬无一枝劲兵前往。位高非福，恐徒为物议之张本耳。余好出汗，沅弟亦好出汗，似不宜过劳。

咸丰十年七月初八日

致九弟·不轻进人，不妄亲人

沅弟左右：

十三日强中营二勇回，接弟信及各家信。十五早又接弟十一申时之信。

浮桥办齐，长濠已有八九分工程，甚好甚慰。从此援贼虽至，吾弟必足以御之矣。冯事，兄处办法与润帅不谋而合，兹将一批一告示钞付弟览。

翁中丞处复信甚妥，弟意疏疏落落亦极是。弟总认定是湖北之委员，以官、胡两帅为上司，诸事禀命而行，此外一概疏疏落落。希庵于此等处界限极清，人颇嫌其疏冷。然不轻进人，即异日不轻退人之本；不妄亲人，即异日不妄疏人之本。处弟之位，行希之法，似尚妥叶。与翁稿、与毓稿均好，近日修辞工夫亦进，慰喜慰喜。

焦君谱序，八九月必报命。书院图须弟起稿而兄改之，弟切莫吝兄之吝也。弟约初八日专差来，何以至今未到？京货诸件，俟弟处人到，再派人同送。

咸丰十年七月十五日

致九弟·自古君子好与小人为缘，其终无不受其累者

沅弟左右：

初七日接初二夜一缄，并抄寄润帅一缄，具悉一切。

此间徽州、休宁之贼，日内纷纷应调，从下游渡江救援安庆、桐城，祁门以北少可偷安。唯东有伪忠王一股，南有朱衣点、彭大顺一股鞭长莫及，兹可虑耳。

日相先生之事，听润帅自为主持，余不恧恚，亦不挽回。自古君子好与小人为缘，其终无不受其累者。如日相暨胡某、彭某，虽欲不谓之邪不可得，借鬼打鬼，或恐引鬼入室，用毒攻毒，或恐引毒入心，不可不慎也。弟于周之翰疾之已甚，而于日相反多宽假之词，亦未公允。

咸丰十年十二月初七日

致九弟·与人交际，当求其诚信之素孚

沅弟左右：

火药即日咨请湖北协解五万，不知见许否？

凡与人交际，当求其诚信之素孚；求其协助，当亮其力量所

能为。弟每求人，好开大口，尚不脱官场陋习。余本不敢开大口，而人亦不能一一应付，但略亮我之诚实耳。四十万铁，究竟有着落否？此时子弹亦极少也。

韩正国、程学启初七日开行，少荃初八早开行，轮船不过三四日可抵上海。余令开字营号补皖勇改淮勇，程云必待沅帅缄谕乃敢改换，亦足见其不背本矣。

广东全省抽厘专供江浙军饷一折，本日拜发。大约秋冬以后，每月可添银二十万两，春夏则苦不堪言耳。

同治元年三月初八日

致诸弟·余生平于朋友中，负人甚少，唯负次青实甚

沅弟、季弟左右：

湖南之米昂贵异常，东征局无米解来，安庆又苦于碾碓无多，每日不能舂出三百石，不足以应诸路之求。每月解子药各三万斤，不能再多，望弟量入为出，少操几次，以省火药为嘱。

扎营图阅悉。得几场大雨，吟、昆等营必日松矣。处处皆系两层，前层拒城贼，后层防援贼，当可稳固无虞。少荃代买之洋枪，今日交到一单，待物到即解弟处。洋物机括太灵，多不耐久，宜慎用之。

次青之事，弟所进箴规极是极是，吾过矣，吾过矣！吾因郑魁士享当世大名，去年袁、翁两处及京师台谏尚累疏保郑为名将，以为不妨与李并举，又有郑罪重李情轻，暨王锐意招之等

语，以为比前折略轻。逮拜折之后，通首读来，实使次青难堪。今得弟指出，予益觉大负次青，愧悔无地。予生平于朋友中负人甚少，唯负次青实甚。两弟为我设法，有可挽回之处，予不惮改过也。

同治元年六月初二日

致九弟·以方寸为严师，左右近习之人，畏清议

沅弟左右：

辞谢一事，本可浑浑言之，但求收回成命，已请筱泉、子密代弟与余各拟一稿矣。昨接弟咨，已换署新衔，则不必再行辞谢。吾辈所最宜畏惧敬慎者，第一则以方寸为严师，其次则左右近习之人，如巡捕、戈什、幕府文案及部下营哨官之属，又其次乃畏清议。今业已换称新衔，一切公文体制为之一变，而又具疏辞官，已知其不出于至诚矣。

弟应奏之事，暂不必忙。左季帅奉专衔奏事之旨，厥后三个月始行拜疏。雪琴得巡抚及侍郎后，除疏辞复奏二次外，至今未另奏事。弟非有要紧事件，不必专衔另奏。寻常报仗，仍由余办可也。

同治二年四月十六日

致九弟·独享大名为折福之道，与人分名即受福之道

沅弟左右：

日内深以弟病为虑，十一日接初七日交袁差官带来之信并与泽、鸿两儿信，字有精光，兼有静气，词语亦不迫促，卜病体之必将全愈，为之大慰。唯金陵持久不下，以吾弟子日之性情，恐肝气之病愈积愈深。

吾与昌岐久谈，知少荃于吾兄弟处实有相亲相卫之意。吾意欲奏请少荃亲带开花炮队、洋枪队前来金陵会剿，接弟此次复信不过十八、九可到，余即一面出奏，一面函咨少荃，请其迅速西来。如苏军齐到成功，则弟受其劳，而少荃享其名。既可以同膺懋赏，又可以暗培厚福。

盖独享大名为折福之道，则与人分名即受福之道矣。如苏军虽到，而城贼仍坚持不下如故，则谤可稍分，而责亦稍轻。余昨日已咨少荃派炸炮至金陵会剿。细思弟之肝病，不宜再郁两月，而饷项亦断难支至三四月，故决计奏请少荃前来。苏军近亦仅支五成之饷，并非十分充足，可无贫富相耀之患，想弟能亮我苦衷也。

厚庵新授陕甘总督，可谓非常特恩，仍督办江西、皖南军务，断不可辞矣。金陵水师防务，余请昌岐与弟会办。雪琴仍回裕溪等处，当不至疏失。多公仙逝，劳苦可悯。即问近好。

同治三年五月十二日

致九弟·与他人交际，须省己之不是

沅弟左右：

　　得初一日寄谕，令回江督本任。余奏明病体不能用心阅文，不能见客多说，既不堪为星使，又岂可为江督？即日当具疏恭辞。

　　余回任之说，系少荃疏中微露其意。余仍请以散员留营，或先开星使、江督二缺，而暂留协办治军亦可，乞归林泉亦非易易。弟住家年余，值次山、小荃皆系至好，故得优游如意。若地方大吏小有隔阂，则步步皆成荆棘。住京养病，尤易招怨丛谤。余反复筹思，仍以散员留营为中下之策，此外皆下下也。

　　弟开罪于军机，凡有廷寄，皆不写寄弟处，概由官相转咨，亦殊可诧。若圣意于弟则未见有薄处，弟唯诚心竭力做去。吾尝言，天道忌巧，天道忌盈，天道忌贰。若甫在响用之际，而遽萌前却之见，是贰也。即与他人交际，亦须略省己之不是。弟向来不肯认错，望力改之。

同治五年十一月初七日

致诸弟·若不得良友而亲损友，则居省之利少矣

澄弟、沅弟左右：

十五日发出一缄到否？后于十八日寅刻纪泽生一子，大小平安，深以为慰。纪泽今年三十三岁，正在望子极殷之际，如愿得之，满门欣喜。唯八字于五行缺水、缺火，不知易于养成否？二十九日堂弟厚九至此。署中内外清吉。余眩晕之疾近日未发，目病则日益昏蒙，恐左目亦不能久保。闻堂叔母彭孺人亦盲一目，其脚本不能行动，又增目疾，老景亦苦矣。

郑小山尚书自除夕到此，初二日即督同司员审马制军之案，至今熬审将近一月。张汶祥毫无确供，即再熬亦属无益，只好仍照魁将军等上年原定之案具奏。

长江水师，外间啧有烦言。或谓遇民间有骨牌者、字牌者，则以拿赌讹索，得数千或千余文乃肯释放；或以查拿私盐，查拿小钱，搜索民舟及附近人家，讹钱释放；夜索打更之灯油钱；民船拉纤，不许在炮船桅上盖过；干预词讼，至有哨官棍责举人者；甚且包庇私盐，袒护劫盗种种弊端。余设立水师，不能为长江除害，乃反为长江生害。两弟在省时，亦常闻此等闲话否？如有所闻，望详细告我。兄精神衰惫，加以目病，每日治事甚少，任内应尽之职，不克一一办妥。而昔年所办之事，又有大不妥如水师者，贻人讥议。用是寸心焦灼，了无乐趣。境颇顺而心不适，对老弟而滋愧矣。

　　沅弟若果居省城，澄弟又常不在家，则吾乡五家日益寂寞，深以为念。而孚、剑两侄欲求学问文章之日进，又似宜在省会多求良友，以扩充其识而激发其志。二者利害参半，若不得良友而亲损友，则居省之利少矣。

　　意臣信来，欲余专疏为黄南翁申雪表章。余以昔年曾两次疏陈南翁之才而表其功俱遭谴诘，其时余当物望尚隆之际，已不能有益于南翁，近则余望大减，恐拜疏反为南老之累，慎重而不敢轻出。

　　《东皋书院记》余尚未作，而澄弟写来之节略又失去矣。顺问近好。

兄国藩手草

同治十年辛未正月二十五日

为政卷

禀父母·考与不考，皆无关紧要

男国藩跪禀父母亲大人万福金安：

上次男写信略述癣病情形，有不去考差之意。近有一张姓医，包一个月治好，偶试一处，居然有验，现在赶紧医治，如果得好，男仍定去考差，若不愈，则不去考差。总之，考与不考，皆无关紧要。考而得之，不过多得钱耳。考而不得，与不考同，亦未必不可支持度日。每年考差三百余人，而得差者通共不过七十余人，故终身翰林屡次考差而不得者，亦常有也，如我邑邓笔山、罗九峰是已。男只求平安，伏望堂上大人勿以得差为望。

四弟已写信言男病，男恐大人不放心，故特书此纸。

男谨禀

道光二十六年三月二十五日

禀父母·不敢求分外之荣

男国藩跪禀父母亲大人万福金安：

　　九月十七日接读第五、第六两号家信，喜堂上各老人安康，家事顺遂，无任欢慰。

　　男今年不得差，六弟乡试不售，想堂上大人不免内忧。然男则正以不得为喜。盖天下之理，满则招损，亢则有悔；日中则昃，月盈则亏，至当不易之理也。男毫无学识而官至学士，频邀非分之荣，祖父母、父母皆康强，可谓极盛矣。现在京官翰林中无重庆下者，唯我家独享难得之福。是以男栗栗恐惧，不敢求分外之荣，但求堂上大人眠食如常，阖家平安，即为至幸。万望祖父母、父母、叔父母无以男不得差、六弟不中为虑，则大慰矣。况男三次考差，两次已得；六弟初次下场，年纪尚轻，尤不必挂心也。同县黄正斋，乡试当外帘差，出闱即患痰病，时明时昏，近日略愈。

　　男癣疾近日大好，头面全看不见，身上亦好了九分。十八生女，男妇极平安，唯体太弱，满月当大补养。在京一切，男自知谨慎。

　　八月二十三日，折差处发第十四号信，二十七日，周缦云处寄寿屏，发十五号信。九月十二日，善化郑七处寄诰封卷六十本，发第十六号信，均求查收。

男谨禀

道光二十六年九月十九日

致诸弟·决不肯以做官发财，决不肯留银钱与后人

澄侯、温甫、子植、季洪足下：

正月初十日发第一号家信，二月初八日发第二号家信，报升任礼部侍郎之喜，二十六日发第三号信，皆由折差带寄。三月初一日由常德太守乔心农处寄第四号信，计托带银七十两，高丽参十余两，鹿胶二斤，一品顶带三枚，补服五付等件。渠由山西迂道转至湖南，大约须五月端午前后乃可到长沙。

予尚有寄兰姊、蕙妹及四位弟妇江绸棉外褂各一件，仿照去年寄呈母亲、叔母之样。前乔心农太守行时不能多带，兹因陈竹伯新放广西左江道，可于四月出京，拟即托渠带回。澄弟《岳阳楼记》亦即托竹伯带回家中。

二月初四澄弟所发之信，三月十八接到。正月十六七之信，则至今未接到。据二月四日书云，前信着刘一送至省城，共二封，因欧阳家、邓星阶、曾厨子各有信云云，不知两次折弁何以未见带到？温弟在省时，曾发一书与我，到家后未见一书，想亦在正月一封之中。此书遗失，我心终耿耿也。

温弟在省所发书，因闻澄弟之计，而我不为揭破，一日寸气忿，故语多激切不平之词。予正月复温弟一书，将前后所闻温弟之行不得已禀告堂上，及澄弟、植弟不敢禀告而误用诡计之故，一概揭破。温弟骤看此书，未免恨我。然兄弟之间，一言欺诈，终不可久；尽行揭破，虽目前嫌其太直，而日久终能相谅。现在

澄弟来书，言温弟鼎力办事，甚至一夜不寐，又不辞劳，又耐得烦云云。我闻之欢喜之至，感激之至。温弟天分本高，若能改去荡佚一路，归入勤俭一边，则兄弟之幸也，合家之福也。我待温弟似乎近于严刻，然我自问此心，尚觉无愧。于兄弟者，盖有说焉：

大凡做官的人，往往厚于妻子而薄于兄弟，私肥于一家而刻薄于亲戚族党。予自三十岁以来，即以做官发财为可耻，以宦囊积金遗子孙为可羞可恨，故私心立誓，总不靠做官发财以遗后人，神明鉴临，予不食言。此时事奉高堂，每年仅寄些须，以为甘旨之佐。族戚中之穷者，亦即每年各分少许，以尽吾区区之意。盖即多寄家中，而堂上所食所衣，亦不能因而加丰，与其独肥一家，使戚族因怨我而并恨堂上，何如分润戚族，使戚族戴我堂上之德而更加一番钦敬乎？将来若作外官，禄入较丰，自誓除廉俸之外不取一钱。廉俸若日多，则周济亲戚族党者日广，断不畜积银钱为儿子衣食之需。盖儿子若贤，则不靠宦囊亦能自觅衣饭；儿子若不肖，则多积一钱，渠将多造一孽，后来淫佚作恶，必且大玷家声。故立定此志，决不肯以做官发财，决不肯留银钱与后人。若禄入较丰，除堂上甘旨之外，尽以周济亲戚族党之穷者，此我之素志也。

至于兄弟之际，吾亦唯爱之以德，不欲爱之以姑息。教之以勤俭，劝之以习劳守朴，爱兄弟以德也；丰衣美食，俯仰如意，爱兄弟以姑息也。姑息之爱，使兄弟惰肢体，长骄气，将来丧德亏行，是即我率兄弟以不孝也，吾不敢也。我仕宦十余年，现在京寓所有唯书籍、衣服二者。衣服则当差者必不可少，书籍则我生平嗜好在此，是以二物略多。将来我罢官归家，我夫妇所有之衣服，则与五兄弟拈阄均分。我所办之书籍，则存贮利见斋中，兄弟及后辈皆不得私取一本。除此二者，予断不别存一物以为宦囊，一丝一粟不以自私，此又我待兄弟之素志也。恐温弟不能深谅我之心，故将我终身大规模告与诸弟，唯诸弟体察而深思焉。

去年所寄亲戚各项，不知果照单分送否？杜兰溪为我买《皇清经解》，不知植弟已由省城搬至家中否？

京寓一切平安。纪泽《书经》读至"囧命"。二儿甚肥大。易南谷开复原官，来京引见。闻左青士亦开复矣。同乡官京中者，诸皆如常。余不一一。

兄国藩手草

再者，九弟生子大喜，敬贺敬贺。自丙午冬葬祖妣大人于木兜冲之后，我家已添三男丁，我则升阁学，升侍郎，九弟则进学补廪。其地之吉，已有明效可验。我平生最不信风水，而于朱子所云"山环水抱"、"藏风聚气"二语，则笃信之。木兜冲之地，予平日不以为然，而葬后乃吉祥如此，可见福人自葬福地，绝非可以人力参预其间。家中买地，若出重价，则断断可以不必；若数十千，则买一二处无碍。

宋湘宾去年回家，腊月始到。山西之馆既失，而湖北一带又一无所得。今年因常南陔之约重来湖北，而南陔已迁官陕西矣，命运之穷如此！去年曾有书寄温弟，兹亦付去，上二次忘付也。

李笔峰代馆一月，又在寓钞书一月，现在已搬出矣。毫无道理之人，究竟难于相处。庞省三在我家教书，光景甚好。邹墨林来京捐复教官，在圆通观住，日日来我家闲谈。

长沙老馆，我今年大加修整，人人皆以为好。琐事兼述，诸唯心照。

道光二十九年三月二十一日

致诸弟·稍有赢余，必皆留为义田之用

澄侯、温甫、子植、季洪四位老弟足下：

七月十三日接到澄弟六月初七所发第九号家信，具悉一切。吾于六月共发四次信，不知俱收到否？今年陆费中丞丁忧，闰四月无折差到，故自四月十七发信后，直至五月中旬始再发信，宜家中悬望也。

祖父大人之病，日渐增加，远人闻之，实深忧惧。前六月二十日所付之鹿茸片，不知何日可到？亦未知可微有功否？予之癣病，多年沉痼，赖邹墨林举黄芪附片方，竟得全愈。内人六月之病亦极沉重，幸墨林诊治，遂得化险为夷，变危为安。同乡找墨林看病者甚多，皆随手立效。墨林之弟岳屏四兄今年曾到京，寓圆通观，其医道甚好，现已归家。予此次以书附墨林家书内，求岳屏至我家诊治祖父大人，或者挽回万一，亦未可知。岳屏人最诚实而又精明，即周旋不到，必不见怪。家中只须打发轿夫大钱二千，不必别有所赠送。渠若不来，家中亦不必去请他。

乡间之谷贵至三千五百，此亘古未有者，小民何以聊生？吾自入官以来，即思为曾氏置一义田，以赡救孟学公以下贫民；为本境置义田，以赡救二十四都贫农。不料世道日苦，予之处境未裕。无论为京官者自治不暇，即使外放，或为学政，或为督抚，而如今年三江两湖之大水灾，几于鸿嗷半天下，为大官者，更何忍于廉俸之外多取半文乎？是义田之愿，恐终不能偿。然予之定

计，苟仕宦所入，每年除供奉堂上甘旨外，或稍有赢余，吾断不肯买一亩田，积一文钱，必皆留为义田之用。此我之定计，望诸弟皆体谅之。

今年我在京用度较大，借账不少。八月当为希六及陈体元捐从九品，九月榜后可付照回，十月可到家。十一月可向渠两家索银，大约共须三百金。我付此项回家，此外不另附银也。率五在永丰有人争请，予闻之甚喜。特书手信与渠，亦望其忠信成立耳。

纪鸿已能行走，体甚壮实。同乡各家如常。同年毛寄云于六月二十八日丁内艰。陈伟堂相国于七月初二仙逝，病系中痰，不过片刻即殁。

江南、浙江、湖北皆展于九月举行乡试。闻江南水灾尤甚，恐须再展至十月。各省大灾，皇上焦劳，臣子更宜忧惕之时，故一切外差，皆绝不萌妄想，望家中亦不必悬盼。书不详尽。

兄国藩手草

道光二十九年七月十五日

致诸弟·将此骄矜之机关说破

澄侯、温甫、子植、季洪四位老弟足下：

四月初三日发第五号家信，厥后折差久不来，是以月余无家书。五月十二折弁来，接到家中四号信，乃四月一日所发者，具悉一切。

植弟大愈，此最可喜。京寓一切平安。癣疾又大愈，比去年六月更无形迹。去年六月之愈，已为五年来所未有，今又过之，或者从此日退，不复能为恶矣。皮毛之疾，究不甚足虑，久而弥可信也。

四月十四日考差题"乐民之乐者，民亦乐其乐"，经文题"必有忍，其乃有济，有容德乃大"，赋得"濂溪乐处，得焉字"。

二十六日余又进一谏疏，敬陈圣德三端，预防流弊，其言颇过激切，而圣量如海，尚能容纳，岂汉唐以下之英主所可及哉？余之意，盖以受恩深重，官至二品，不为不尊；堂上则诰封三代，儿子则荫任六品，不为不荣。若于此时再不尽忠直言，更待何时乃可建言？

而皇上圣德之美，出于天亶自然，满廷臣工遂不敢以片言逆耳。将来恐一念骄矜，遂至恶直而好谀，则此日臣工不得辞其咎。是以趁此元年新政，即将此骄矜之机关说破，使圣心日就兢业而绝自是之萌，此余区区之本意也。现在人才不振，皆谨小而忽于大，人人皆习脂韦唯阿之风，欲以此疏稍挽风气，冀在廷皆趋于骨鲠，而遇事不敢退缩，此余区区之余意也。

折子初上之时，余意恐犯不测之威，业将得失祸福置之度外。不意圣慈含容，曲赐矜全。自是以后，余益当尽忠报国，不得复顾身家之私。然此后折奏虽多，亦断无有似此折之激直者。此折尚蒙优容，则以后奏折必不致或触圣怒可知。诸弟可将吾意细告堂上大人，毋以余奏折不慎，或以戆直干天威为虑也。

父亲每次家书，皆教我尽忠图报，不必系念家事。余敬体吾父之教训，是以公尔忘私，国尔忘家。计此后但略寄数百金偿家中旧债，即一心以国事为主，一切升官得差之念，毫不挂于意中。故昨五月初七大京堂考差，余即未往赴考。

侍郎之得差不得差，原不关乎与考不与考。上年己酉科，侍郎考差而得者三人：瑞常、花沙纳、张芾是也。未考而得者亦三人：灵桂、福济、王广荫是也。今年侍郎考差者五人，不考者三人。是日题"以义制事以礼制心论"，诗题"楼观沧海日，得涛字"。五月初一放云贵差，十二放两广、福建三省，名见京报内，兹不另录。袁漱六考差颇为得意，诗亦工妥，应可一得，以救积困。

朱石翘明府初政甚好，自是我邑之福，余下次当写信与之。霞仙得县首，亦见其犹能拔取真士。刘继振既系水口近邻，又送钱至我家求请封典，义不可辞，但渠三十年四月选授训导，已在正月二十六恩诏之后，不知尚可办否，当再向吏部查明。如不可办，则当俟明年四月升祔恩诏乃可呈请；若并升祔之时，推恩不能及于外官，则当以钱退还。家中须于近日详告刘家，言目前不克呈请，须待明年六月乃有的信耳。

澄弟河南、汉口之信皆已接到，行路之难，乃至于此。自汉口以后，想一路载福星矣。刘午峰、张星垣、陈彀堂之银，皆可收，刘、陈尤宜受之，不受反似拘泥。然交际之道，与其失之滥，不若失之隘，吾弟能如此，乃吾之所欣慰者也。西垣四月二十九到京，住余宅内，大约八月可出都。

此次所寄折底，如欧阳家、汪家及诸亲族，不妨钞送共阅。见余忝窃高位，亦欲忠直图报，不敢唯阿取容，惧其玷辱宗族，辜负期望也。余不一一。

兄国藩手草

咸丰元年五月十四日

致诸弟·帮钱垫官之亏空，则我家万不可出力

澄侯、温甫、子植、季洪四位老弟足下：

八月十四日发第九号信，至十七日接到家信第七、第八二号，欣悉一切。

左光八为吾乡巨盗，能除其根株，扫其巢穴，则我境长享其利，自是莫大阴功。第湖南会匪所在勾结，往往牵一发而全神皆动。现在制军程公特至湖南，即是奉旨查办此事，盖恐粤西匪徒穷窜，一入湖南境内，则楚之会匪因而窃发也。左光八一起，想尚非巨伙入会者流，然我境办之，不可过激而生变。现闻其请正绅保举，改行为良，且可捉贼自效，此自一好机会。万一不然，亦须相机图之，不可用力太猛，易发难收也。

公议粮饷一事，果出通邑之愿，则造福无量。至于帮钱垫官之亏空，则我家万不可出力。盖亏空万六千两，须大钱三万余千，每都几须派千吊。现在为此说者，不过数大绅士一时豪气，为此急公好义之言。将来各处分派，仍是巧者强者少出而讨好于官之前，拙者弱者多出而不免受人之勒。穷乡殷实小户，必有怨声载道者。且此风一开，则下次他官来此，既引师令之借钱办公为证，又引朱令之民帮垫亏为证，或亦分派民间出钱帮他，反觉无辞以谢。若相援为例，来一官帮一官，吾邑自此无安息之日。凡行公事，须深谋远虑。此事若各绅有意，吾家不必拦阻；若吾

家倡议，万万不可。且官之补缺皆有呆法，何缺出轮何班补，虽抚藩不能稍为变动。澄弟在外多年，岂此等亦未知耶？朱公若不轮到班，则虽帮垫亏空，通邑挽留，而格于成例，亦不可行；若已轮到班，则虽不垫亏空，亦自不能不补此缺。间有特为变通者，督抚专折奏请，亦不敢大违成例。季弟来书，若以朱公之实授与否，全视乎亏空之能垫与否，恐亦不尽然也。曾仪斋若系革职，则不复能穿补子，若系大计休致，则尚可穿。

季弟有志于道义身心之学，余阅其书，不胜欣喜。凡人无不可为圣贤，绝不系乎读书之多寡。吾弟诚有志于此，须熟读《小学》及《五种遗规》二书，此外各书能读固佳，不读亦初无所损。可以为天地之完人，可以为父母之肖子，不必因读书而后有所加于毫末也。匪但四六古诗可以不看，即古文为吾弟所愿学者，而不看亦自无妨。但守《小学》、《遗规》二书，行一句算一句，行十句算十句，贤于记诵词章之学万万矣。季弟又言愿尽孝道，唯亲命是听，此尤足补我之缺憾。

我在京十余年，定省有阙，色笑远违，寸心之疚，无刻或释。若诸弟在家能婉愉孝养，视无形，听无声，则予能尽忠，弟能尽孝，岂非一门之祥瑞哉？愿诸弟坚持此志，日日勿忘，则兄之疚可以稍释，幸甚幸甚。书不十一，余俟续具。

兄国藩手草

咸丰元年八月十九日

致诸弟·我现在军中声名极好

澄侯、温甫、子植、季洪四位老弟足下：

二十五日遣春二、维五归家，曾寄一函并谕旨、奏折二册。

二十六日水师在九江开仗获胜。陆路塔、罗之军在江北蕲州之莲花桥大获胜仗，杀贼千余人，二十八日克复广济县城。初一日在大河埔大获胜仗，初四日在黄梅城外大获胜仗，初五日克复黄梅县城。该匪数万现屯踞江岸之小池口，与九江府城相对。塔、罗之军即日追至江岸，即可水陆夹击，能将北岸扫除，然后可渡江以剿九江府城之贼。自至九江后，即可专夫由武宁以达平江、长沙。

兹因魏荫亭亲家还乡之便，付去银一百两，为家中卒岁之资，以三分计之。新屋人多，取其二以供用；老屋人少，取其一以供用。外五十两一封，以送亲族各家，即往年在京寄回之旧例也。以后我家光景略好，此项断不可缺，家中却不可过于宽裕。处此乱世，愈穷愈好。

我现在军中声名极好，所过之处，百姓爆竹焚香跪迎，送钱米猪羊来犒军者络绎不绝。以祖宗累世之厚德，使我一人食此隆报，享此荣名，寸心兢兢，且愧且慎。现在但愿官阶不再进，虚名不再张，常葆此以无咎，即是持身守家之道。至军事之成败利钝，此关乎国家之福，吾唯力尽人事，不敢存丝毫侥幸之心。诸弟禀告堂上大人，不必悬念。

冯树堂前有信来，要功牌一百张，兹亦交荫亭带归，望澄弟专差送至宝庆，妥交树堂为要。衡州所捐之部照，已交朱峻明带去。外带照千张交郭筠仙，从原奏之所指也。朱于初二日起行，江隆三亦同归，给渠钱已四十千，今年送亲族者，不必送隆三可也。余不一一。

咸丰四年十一月初七日书于武穴舟中

致诸弟·中心常多郁屈不平之端

澄侯、温甫、子植、季洪四位老弟足下：

前信已封，而春二、维五于二十五日到营，接奉父大人手谕及诸弟信件，敬悉一切。

曾祖生以本境练团派费之事，而必求救于百里之外，以图免出费赀，其居心不甚良善。刘东屏先生接得父大人手书，此等小事，何难一笑释之，而必展转辨论，拂大人之意？在寻常人尚不能无介介于中，况大人兼三达尊而又重以世交？言不见信，焉能不介怀耶？望诸弟曲慰大人之意，大度含容，以颐天和，庶使游子在外，得以安心治事。所有来往信件，谨遵父大人谕，即行寄还。

吾自服官及近年办理军务，中心常多郁屈不平之端，每效母亲大人指腹示儿女曰"此中蓄积多少闲气，无处发泄"。其往年诸事不及尽知，今年二月在省城河下，凡我所带之兵勇、仆从人等，每次上城，必遭毒骂痛打，此四弟、季弟所亲见者。谤怨沸腾，万口嘲讥，此四弟、季弟所亲闻者。自四月以后，两弟不在此，景况更有令人难堪者，吾唯忍辱包羞，屈心抑志，以求军事之万有一济。

现虽屡获大胜，而愈办愈难，动辄招尤。倘赖圣主如天之福，歼灭此贼，吾实不愿久居官场，自取烦恼。四弟自去冬以来，亦屡遭求全之毁，蜚来之谤，几于身无完肤。想宦途风味，亦深知之而深畏之矣。而温弟、季弟来书，常以保举一事疑我之有吝于四弟者，是亦不谅兄之苦衷也。

甲三从师一事，吾接九弟信，辞气甚坚，即请研生兄，以书聘之。今尚未接回信，然业令其世兄两次以家信催之，断不可更有变局。学堂以古老坪为妥，研兄居马托铺乡中，亦山林寒苦之士，决无官场习气，仅可放心，至甲三读书，天分本低，若再以全力学八股、试帖，则他项学业必全荒废，吾决计不令其学作八股也。

曾兆安、欧阳钰皆已保举教官，日内想可奉旨。

咸丰四年十一月二十七日

致诸弟·小心谨慎，冀尽人事以听天命

澄、温、沅、季四位贤弟左右：

十六日在南康府，接父亲手谕及澄、沅两弟、纪泽儿之信，系刘一送来，二十日接澄弟一信，系林福秀由县送来，具悉一切。

余于十三日自吴城进扎南康，水师右营、后营、向导营于十三日进扎青山。

十九日，贼带炮船五六十号、小划船五六十号前来扑营，鏖战二时，未分胜负。该匪以小划二十余号又自山后攒出，袭我老营。老营战船业已全数出队，仅坐船水手数人及所雇民船水手，皆逃上岸。各战船哨官见坐船已失，遂尔慌乱，以致败挫。幸战舟炮位毫无损伤，犹为不幸中之大幸。且左营、定湘营尚在南康，中营尚在吴城，是日未与其事，士气依然振作。现在六营三千人同泊南康，与陆勇平江营三千人相依护，或可速振军威。

现在余所统之陆军，塔公带五千人在九江，罗山带三千五百人在广信一带，次青带平江三千人在南康，业已成为三枝，人数亦极不少。赵玉班带五百湘勇来此，若独成一枝，则不足以自立；若依附塔军，依附罗军，则去我仍隔数百里之远；若依附平江营，则气类不合，且近日口粮实难接济，玉班之勇可不必来。玉班一人独来，则营中需才孔亟，必有以位置之也。

蒋益澧之事，唐公如此办理甚好。密传其家人，详明开导，勒令缴出银两，足以允服人心，面面俱圆，请苹翁即行速办，但使探骊得珠，即轻轻着笔，亦可以办到矣。

此间自水师小挫后，急须多办小划以胜之，但乏能管带小划之人。若有实能带小划者，打仗时并不靠他冲阵，只要开仗之时在江边攒出攒入，眩贼之眼，助我之势，即属大有裨益。吾弟若见有此等人，或赵玉班能荐此等人，即可招募善驾小划之水手一百余人来营。冯玉珂所缴水勇之抢银，及各银应缴者，可酌用为途费也。

余在营平安，唯癣疾未愈，精神不足，诸事未能一一照管。小心谨慎，冀尽人事以听天命。诸不详尽，统俟续布。

顷与魏荫亭谈及招小划水勇一事，渠可回家与萧可卿商办。大约每划五人，五划立一哨官，每百人四哨官，十余哨即立一营官。此不难于招勇，而难于选求哨官、营官。澄弟若见有可当哨官者，或令其来营，或荐与荫亭。勇则不必招，听萧、魏办理可也。

咸丰五年四月二十日书于南康城外水营

致九弟·规模远大与综理密微，二者缺一不可

沅甫九弟左右：

二十二夜灯后右九、金八归，接弟十五夜所发之信，知十六日已赴吉安。屈指计弟二十四日的可抵营，二十五六当专人归来，今日尚未到家，望眼又复悬悬。

吉字中营尚易整顿否？古之成大事者，规模远大与综理密微，二者缺一不可。弟之综理密微，精力较胜于我。军中器械，其略精者，宜另立一簿，亲自记注，择人而授之。古人以铠仗鲜明为威敌之要务，恒以取胜。刘峙衡于火器亦勤于修整，刀矛则全不讲究。余曾派褚景昌赴河南采买白蜡杆子，又办腰刀分赏各将弁，人颇爱重。弟试留心此事，亦综理之一端也。

至规模宜大，弟亦讲求及之。但讲阔大者，最易混入散漫一路，遇事颟顸，毫无条理，虽大亦奚足贵？等差不紊，行之可久。斯则器局宏大，无有流弊者耳。顷胡润芝中丞来书赞弟，有曰"才大器大"四字，余甚爱之。才根于器，良为知言。

　　湖口贼舟于九月八日焚夺净尽，湖口、梅家洲皆于初九日攻克。三年积愤，一朝雪耻，雪琴从此重游浩荡之宇。唯次青尚在坎窞之中，弟便中可与通音问也。润翁信来，仍欲奏请余出东征。余顷复信，具陈其不宜，不知可止住否？彭中堂复信一缄，由弟处寄至文方伯署，请其转递至京。或弟有书呈藩署，末添一笔亦可。李迪庵近有请假回籍省亲之意，但未接渠手信。渠之带勇，实有不可及处，弟宜常与通信，殷殷请益。

　　弟在营须保养身体，肝郁最易伤人，余生平受累以此，宜和易以调之也。

咸丰七年十月初四日

致九弟·居官以耐烦为第一要义，带勇亦然

沅甫九弟左右：

　　十四日接弟初七夜信，得知一切。

　　贵溪紧急之说确否？近日消息何如？

　　次青非常之才，带勇虽非所长，然亦有百折不回之气。其在兄处，尤为肝胆照人，始终可感。兄在外数年，独惭无以对渠。去腊遣韩升至李家，省视其家，略送仪物，又与次青约成婚姻，以申永好。目下两家儿女无相当者，将来渠或三索得男，弟之次女、三女可与订婚，兄信已许之矣。在吉安，望常常与之通信，专人往返，想十余日可归也。但得次青生还与兄相见，则同甘苦患难诸人中，尚不至留莫大之愧歉耳。

昔耿恭简公谓居官以耐烦为第一要义，带勇亦然。兄之短处在此，屡次谆教弟亦在此。二十七日来书有云"仰鼻息于傀儡膻腥之辈，又岂吾心之所乐"，此已露出不耐烦之端倪，将来恐不免于龃龉。去岁握别时，曾以惩余之短相箴，乞无忘也。

李雨苍于十七日起行赴鄂。渠长处在精力坚强，聪明过人，短处即在举止轻佻，言语伤易，恐润公亦未能十分垂青。温甫弟于二十一日起程，大约三月半可至吉安也。

咸丰八年二月十七日

致九弟·脚踏实地，但求精而不求阔

沅甫九弟左右：

初一日专人至吉营送信。初二夜接弟来信，论敬字义甚详，兼及省中奏请援浙事，劝余起复。是日未刻，郭意城来家，述此事骆中丞业出奏矣。初三日接奉廷寄，饬即赴浙办理军务，与骆奏适相符合。骆奏二十五日发，寄谕二十一日自京发也。

圣恩高厚，令臣下得守年余之丧，又令起复，以免避事之责，感激之忱，匪言可喻。兹定于初七日起程，至县停一日，至省停二三日。恐驿路迂远，拟由平江、义宁以至吴城。其张运兰、萧启江诸军，约至河口会齐。将来克复吉安以后，弟所带吉字营，即由吉东行至常山等处相会。

先大夫少时在南岳烧香，抽得一签云："双珠齐入手，光彩耀杭州。"先大夫尝语余云："吾诸子当有二人官浙。"今吾与弟赴浙剿贼，或已兆于五十年以前乎？

此次之出，约旨卑思，脚踏实地，但求精而不求阔。目前张、萧二军及弟与次青四军已不下万人，又拟抬船过常、玉二山，略带水师千余人，足敷剿办。此外在江各军，有饷则再添，无饷则不添，望弟为我斟酌商办。办文案者，彭椿年最为好手。现请意城送我至吴城，或至玉山，公牍私函意城均可料理。请仙屏即日回奉新，至吴城与我相会。其彭椿年、王福二人，弟随留一人，酌派一人来兄处当差，亦至吴城相会。余若出大道，则由武昌下湖口以至河口；若出捷径，则由义宁、吴城以至河口。许、彭等至吴城，声息自易通也。应办事宜及往年不合之处应行改弦者，弟一一熟思，详书告我。

咸丰八年六月初四日

致九弟·以爱民为第一义

沅弟左右：

二十四早接二十二酉刻之信，宏论伟议，足以自豪，然中有必须发回校减者，意城若在此，亦必批云："诙道惯造谣言也。"

苏州间门外民房十余里，繁华甲于天下，此时乃系金陵大营皆之逃兵溃勇先行焚烧劫抢而贼乃后至。兵犹火也，弗戢自焚，古人洵不余欺。弟在军中，望常以爱民诚恳之意、理学迂阔之语时时与弁兵说及，庶胜则可以立功，败亦不至造孽，当此大乱之世，吾辈立身行间，最易造孽，亦最易积德。

吾自三年初招勇时，即以爱民为第一义。历年以来，纵未必行得到，而寸心总不敢忘爱民两个字，尤海颇寡。家事承沅弟料理，绰有余裕，此时若死，除文章未成之外，实已毫发无憾，但怕畀以大任，一筹莫展耳。沅弟为我熟思之。吉左营及马队不发往矣。王中丞信抄去，可抄寄希、多一阅。

兄国藩手草

再，余有信、银寄吴子序、刘星房，望传知嘉字营帮办吴嘉仪，令其派二妥当人来此接银、信，送江省并南丰为要。

咸丰十年四月二十二日

致五弟·行事则不激不随，处位则可高可卑

季弟左右：

顷接沅弟信，知弟接行知，以训导加国子监学正衔，不胜欣慰。官阶初晋，虽不足为吾季荣，唯弟此次出山，行事则不激不随，处位则可高可卑，上下大小，无人不翕然悦服。因而凡事皆不拂意，而官阶亦由之而晋，或者前数年抑塞之气，至是将畅然大舒乎？《易》曰：天之所助者，顺也；人之所助者，信也。我弟若常常履信思顺如此，名位岂可限量？

吾湖南近日风气蒸蒸日上，凡在行间，人人讲求将略，讲求品行，并讲求学术。弟与沅弟既在行间，望以讲求将略为第一义，点名看操等粗浅之事必躬亲之，练胆料敌等精微之事必苦思之。

品、学二者，亦宜以余力自励。目前能做到湖南出色之人，后世即推为天下罕见之人矣。大哥岂不欣然哉！哥做几件衣道贺。

沅弟以陈米发民挑濠，极好极好！此等事弟等尽可作主，兄不吝也。

咸丰十年六月二十七日

致诸弟·力除官气，严裁浮费

沅、季弟左右：

探报阅悉。此路并无步拨，即由东流、建德驿夫送祁。建德令已死，代理者新到，故文递迟延。弟以后要事须专勇送来，三日可到，或逢三、八专人来一次，每月六次，其不要紧者又由驿发来，则兄弟之消息尤常通矣。

文辅卿办厘金甚好。现在江西厘务经手者，皆不免官气太重，此外则不知谁何之人，如辅卿者能多得几人，则厘务必有起色。吾批二李详文云"须冗员少而能事者多，人款多而坐支者少"；又批云"力除官气，严裁浮费"。弟须嘱辅卿二语："无官气，有条理。"守此行之，虽至封疆，不可改也。有似辅卿其人者，弟多荐几人更好。甲三启行时，温弟妇甚好，此后来之变态也。

咸丰十年六月二十八日

致诸弟·唯以一勤字报吾君，以爱民二字报吾亲

沅、季弟左右：

兄膺此巨任，深以为惧。若如陆、何二公之前辙，则诒我父母羞辱，即兄弟子侄亦将为人所侮。福祸倚仗之几，竟不知何者为可喜也。默观近日之吏治人心，及各省之督抚将帅，天下似无戡定之理。吾唯以一勤字报吾君，以爱民二字报吾亲。才识平常，断难立功，但守一勤字，终日劳苦，以少分宵旰之忧。行军本扰民之事，但刻刻存爱民之心，不使先人之积累自我一人耗尽。此兄之所自矢者，不知两弟以为然否？愿我两弟亦常常存此念也。沅弟"多置好官，遴选将才"二语，极为扼要。然好人实难多得，弟为留心采访，凡有一长一技者，兄断不敢轻视。

谢恩折今日拜发。宁国日内无信，闻池州杨七麻子将往攻宁，可危之至。

咸丰十年七月十二日

致九弟·全凭忠义二字

沅弟左右：

初九夜接初五一缄，初十早又接初八日巳、午刻二缄，具悉

一切。

初九夜所接弟信，满纸骄矜之气，且多悖谬之语。天下之事变多矣，义理义深矣，人情难知，天道亦难测，而弟为此一手遮天之辞、狂妄无稽之语，不知果何所本？恭王之贤，吾亦屡见之而熟闻之，然其举止轻浮，聪明太露，多谋多改。若驻京太久，圣驾远离，恐门久亦难尽惬人心。僧王所带蒙古诸部在天津、通州各仗，盖已挟全力与逆夷死战岂尚留其有余而不肯尽力耶？皇上又岂禁制之而故令其不尽力耶？力已尽而不胜，皇上与僧邸皆浩叹而莫可如何。而弟屡次信来，皆言宜重用僧邸，不知弟接何处消息，谓僧邸见疏见轻，敝处并未闻此耗也。

分兵北援以应诏，此乃臣子必尽之分。吾辈所以忝窃虚名，为众所附者，全凭忠义二字。不忘君，谓之忠；不失信于友，谓之义。令銮舆播迁，而臣子付之不闻不问，可谓忠乎？万一京城或有疏失，热河本无银米，从驾之兵难保其不哗溃。根本倘拔，则南服如江西、两湖三省又岂能支持不败？庶民岂肯完粮？商旅岂肯抽厘？州县将士岂肯听号令？与其不入援而同归于尽，先后不过数月之间，孰若入援而以正纲常以笃忠义？纵使百无一成，而死后不自悔于九泉，不诒讥于百世。弟谓切不可听书生议论，兄所见即书生迂腐之见也。

至安庆之围不可撤，兄与希庵之意皆是如此。弟只管安庆战守事宜，外间之事不可放言高论毫无忌惮。孔子曰：“多闻阙疑，慎言其余”，弟之闻本不多，而疑则全不阙，言则尤不慎。捕风捉影，扣槃扪烛，遂欲硬断天下之事。天下事果如是之易了乎？大抵欲言兵事者，须默揣本军之人才，能坚守者几人，能陷阵者几人；欲言经济，须默揣天下之人才，可保为督抚者几人，可保为将帅者几人。试令弟开一保单，未必不窘也。弟如此骄矜，深恐援贼来扑或有疏失。此次复信，责弟甚切。嗣后弟若再有荒唐之信如初五者，兄即不复信耳。

咸丰十年九月初十日

致九弟·凡说话不中事理、不担斤两者，其下必不服

沅弟左右：

凡看地势，察贼势，只宜一人独往，所带极多不得过五人。如贼来追抄，则赶紧驰回。贼见人少，亦不追也。若带人满百，贼来包抄，战则吃贼之亏，不战而跑回，则长贼之焰，两者俱不可。故近日名将看地势者，相戒不带队伍也。又两相隔在五里以外，不可约期打仗。凡约期以号炮为验，以排枪为验，以冲天火箭为验者，其后每每误事。余所见带队百余人，以看地势及约期打仗二事致败者，屡矣。兹特告弟记之。近唐桂生初五徽州之败，亦犯此二忌。

弟如自度兵力实能胜贼，则出濠一战，亦无不可，切不宜与多、鲍约期。或眼见多、鲍酣战之际，弟率大队一助则可，先与约定则不可（多、鲍来约，竟不应允，甘为弱兵，作壁上观可也）。余此次派鲍、朱援安庆，先未约定而忽至，则有益；希庵先约定回援而不至，则有损也。

杨镇南之不足恃，余于其平日之说话知之。渠说话最无条理。凡说话不中事理、不担斤两者，其下必不服。故《说文》君字、后字从口，言在下位者，出口号令，足以服众也。

咸丰十一年四月初八日

致九弟·于本县父母官，
不必力赞其贤，不可力诋其非

澄弟左右：

沅弟金陵一军危险异常，伪忠王率悍贼十余万昼夜猛扑，洋枪极多，又有西洋之落地开花炮，幸沅弟小心坚守，应可保全无虞。

鲍春霆至芜湖养病，宋国永代统宁国一军，分六营出剿，小挫一次。春霆力疾回营，凯章全军亦赶至宁国守城。虽病者极多，而鲍、张合力，此路或可保全。

又闻贼于东坝抬船至宁郡诸湖之内，将图冲出大江，不知杨、彭能知之否？若水师安稳，则全局不至决裂耳。

来信言，余于沅弟，既爱其才，宜略其小节，甚是甚是。沅弟之才，不特吾族所少，即当世亦实不多见。然为兄者，总宜奖其所长而兼规其短，若明知其错而一概不说，则非特沅一人之错，而一家之错也。

吾家于本县父母官，不必力赞其贤，不可力诋其非。与之相处，宜在若远若近、不亲不疏之间。渠有庆吊，吾家必到；渠有公事，须绅士助力者，吾家不出头，亦不躲避；渠于前后任之交代，上司衙门之请托，则吾家丝毫不可与闻。弟既如此，并告子侄辈常常如此。子侄若与官相见，总以谦谨二字为主。

同治元年九月初四日

致九弟·不恃无意外之罚，而恃无可罚之实

沅弟左右：

少荃为季弟请谥请祠折稿昨日寄到，兹钞寄弟阅。目下之是否俞允，殊不敢必。但吾与弟将来若再立功绩，克复金陵，则请谥亦终可望允准。两宫太后及恭邸力求激浊扬清，赏罚严明，但患无可赏之实，不患无不次之赏。而罚罪亦毫不假借，如去年之诛二王一相，今年之戮林、米与何，近日拿问胜帅，又拿问前任苏藩司蔡映斗进京，谕旨皆严切异常。吾辈忝当重任，不恃无意外之罚，而恃无可罚之实。

少荃解银四万，吾暂不解弟处，且解鲍、张两军各二万为度岁之资。弟处昨日解银四万两，年内必到。其解钱二万串，今日用民船解去，年内之能到与否，未可知也。

澄弟昨有信来，言季櫊不宜附葬马公塘，其言亦颇近理。余因相隔太远，不敢遥决，请澄自行决断。

同治元年十二月二十三日

致九弟·权位所在，一言之是非，
即他人之荣辱予夺系焉

沅弟左右：

接二十六日巳刻来信，具悉一切。

奏折一事，弟须用一番工夫。秋凉务闲之时试作二三篇，眼界不必太高，自谦不必太甚。上次惠甫、次卿二稿，只须改润一二十字，尽可去得。目下外间咨来之折，唯浙、沪、湘三处较优，左、李、郭本素称好手也。此外如官、骆、沈、严、僧、吴、都、冯之折，弟稍一留心，即优为之。

以后凡有咨送折稿到弟处者，弟皆视如学生之文，圈点批抹。每折看二次，一次看其办事之主意，大局之结构，一次看其造句下字之稳否。一日看一二折，不过月余，即可周知时贤之底蕴。然后参看古人奏稿，自有进益。每日极多不过二三刻工夫，不可懒也。二十五日拜发之件，尽可咨行邻省。

金眉生与鹤侪积怨甚深。吾辈听言，亦须独具权衡。权位所在，一言之是非，即他人之荣辱予夺系焉。弟性爽快，不宜发之太骤。顺问近好。

兄国藩手草

同治二年七月初一日

致九弟·刻刻存一有天下而不与之意

沅弟左右：

城事果有可望，大慰大慰。此皆圣朝之福，绝非吾辈为臣子者所能为力。不特余之并未身临前敌者不敢涉一毫矜张之念，即弟备尝艰苦，亦须知谋事在人，成事在天，劳绩在臣，福祚在国之义。刻刻存一有天下而不与之意，存一盛名难副、成功难居之意。蕴蓄于方寸者既深，则侥幸克成之日，自有一段谦光见于面而盎于背。至要至要。

同治三年正月二十三日

致九弟·小心安命，埋头任事

沅弟左右：

昨日书一片寄兰泉封内，想已得达。今日天雨如注，气象阴森，寒似深秋，实增焦灼，想老弟亦同此愁闷。然事至今日，唯有"小心安命，埋头任事"二语，兄弟互相勖勉，舍此更无立脚之处。

据窦兰泉云，大丹将成，众魔环伺，必思所以败之。雪琴上赴九江过此，则云金陵贼粮尚足，夏秋难望克复。二说虽微不同，总之事局艰难，吾兄弟适当其任。湖州、广德未克，日内必有大变。

弟所挖地道，如果四月告成，不宜于四月装药轰发。吾观天时人事，似非于月内遽获大捷者。危心苦口，弟其亮之。

弟派沈鹤鸣赴沪提银二十六万两零，而余已先拨九万与霆军，弟心不免郁郁。余实因周纲堂之信，恐生他变，故待霆军独厚，亦望吾弟亮之。李世忠之三十万串尚无来文，余昨日复一信。抄稿寄阅。应道、沈丞劝捐，即日加札。顺问近好。

同治三年四月初九日

致诸弟·与地方官水乳交融

澄弟、沅弟左右：

近日贼情，张总愚一股尚在南阳，赖汶光、任柱等股尚在光州、固始一带。闻京师之东北、山海关外、奉天等处马贼猖獗，派文尚书、福将军剿办，尚未得手。新授徐海道张树声为直隶臬司，圣意盖欲多调淮勇北卫畿辅，局势又当少变矣。

沅弟出处大计，余前屡次言及，谓腊月乃有准信。近来熟思审处，劝弟出山不过十分之三四，劝弟潜藏竟居十分之六七。

部中新例甚多，余处如金陵续保之案、皖南肃清保案全行议驳，其余小事动遭驳诘，而言路于任事有功之臣，责备甚苛，措辞甚厉，令人寒心。军事一波未平，一波复起，头绪繁多。

西北各省饷项固绌，转运尤艰。处山西完善之区，则银钱分文皆须入奏，难以放手办事。若改调凋残之省，则行剥民敛怨之政，犹恐无济于事。去年三四月间，吾兄弟正方万分艰窘，户部犹将江西厘金拨去，金陵围师几将决裂。共事诸公易致龃龉，稍露声色，群讥以为恃功骄蹇。为出山之计，实恐怄气时多，适意时少。若为潜藏之计，亦有须熟筹者。

大凡才大之人，每不甘于岑寂，如孔翠洒屏，好自耀其文彩。林文忠晚年在家，好与大吏议论时政，以致与刘玉坡制军不合，复思出山。近徐松龛中丞与地方官不合，复行出山。二人皆有过人之才，又为本籍之官所挤，故不愿久居林下。

沅弟虽积劳已久，而才调实未能尽展其长，恐难久甘枯寂。目下李筱荃中丞相待甚好，将来设与地方官不能水乳交融，难保不静极思动，潜久思飞。

以余饱阅世变，默察时局，则劝沅行者四分，劝沅藏者六分。以久藏之不易，则此事须由沅内断于心，自为主持，兄与澄不克全为代谋也。余前所谓腊月再有确信者，大率如此，下二次更当申明之。

同治四年十二月十五日

致九弟·物议沸腾者，
被人参劾者，每在于用人之不当

澄弟、沅弟左右：

沅弟定于十七接印，此时已履任数日矣。督抚本不易做，近则多事之秋，必须筹兵筹饷。筹兵，则恐以败挫而致谤；筹饷，则恐以搜括而致怨，二者皆易坏声名。而其物议沸腾，被人参劾者，每在于用人之不当。沅弟爱博而面软，向来用人失之于率，失之于冗。以后宜慎选贤员，以救率字之弊；少用数员，以救冗字之弊。位高而资浅，貌贵温恭，心贵谦下。天下之事理人才，为吾辈所不深知不及料者多矣，切勿存一自是之见。用人不率冗，存心不自满，二者本末俱到，必可免于咎戾，不坠令名，至嘱至嘱，幸勿以为泛常之语而忽视之。

陈筱浦不愿赴鄂。渠本盐务好手，于军事吏事恐亦非其所长。

余处亦无折奏好手，仍邀子密前来，事理较为清晰，文笔亦见精当。自奏折外，沅弟又当找一书启高手，说事明畅，以通各路之情。

纪泽母子等四月中旬当可抵鄂，纪鸿留弟署读书，余以回湘为是。

同治五年三月二十六日

养生卷

禀父母·熟地、当归蒸母鸡

男国藩跪禀父母亲大人万福金安：

十二月初五接到家中十一月初旬所发家信，具悉一切。男等在京身体平安。男癣疾已全愈，六弟体气如常，纪泽兄妹五人皆好，男妇怀喜平安，不服药。同乡各家亦皆无恙。

陈本七先生来京，男自有处置之法，大人尽可放心。大约款待从厚，而打发从薄。男光景颇窘，渠来亦必自悔。

九弟信言母亲常睡不着，男妇亦患此病，用熟地、当归蒸母鸡食之，大有效验，九弟可常办与母亲吃。乡间鸡肉、猪肉最为养人，若常用黄芪、当归等类蒸之，略带药性而无药气，堂上五位老人食之，甚有益也。望诸弟时时留心办之。

老秧田背后三角丘是竹山湾至我家大路，男曾对四弟言及，要将路改于坎下，在檀山嘴那边架一小桥，由豆土排上横穿过来。其三角丘则多栽竹树，上接新塘坎大枫树，下接檀山嘴大藤，包裹甚为完紧，我家之气更聚。望堂上大人细思，如以为可，求叔父于明春栽竹种树；如不可，叔父写信示知为幸。

男等于二十日期服已满，敬谨祭告，二十九日又祭告一次。余俟续具。

道光二十七年十二月初六日

致诸弟·起早尤千金妙方、长寿金丹

澄侯、沅甫两弟左右：

二十二日接初七日所交家信，内澄弟一件、沅弟一件、纪泽一件！知叔父大人已于三月二日安厝马公塘。两弟于家中两代老人养病送死之事，皆备极诚敬，将来必食报于子孙。闻马公塘山势平衍，可决其无水蚁凶灾，尤以为慰。澄弟服补剂而大愈，甚幸甚幸。丽参、鹿茸虽享福稍早，而体气本弱，亦属无可如何。吾生平颇讲求惜福二字之义，近来补药不断，且菜蔬亦较奢。

自愧享用太过，然亦体气太弱，不得不尔。胡润帅、李希庵常服辽参，则其享受更有过于予者。澄弟平日太劳伤精，锁呐伤气，多酒伤脾。以后戒此三事，而常服补剂，自可日就痊可，丽参、鹿茸服毕后，余可再寄，不可间断，亦不可过多，每早服二钱可也。

家中后辈子弟体弱，学射最足保养，起早尤千金妙方、长寿金丹也。

纪泽今年耽搁太多，此次宜静坐两个月。汉魏六朝百三名家》，京中带回一部，江西带回一部，可付一部来营。纪鸿《通鉴》讲至何处？并问。即候日好。

兄国藩手草

再，抚州绅士刻余所书（拟岘台记），共刷来八分，兹寄五分回家。澄弟一分，沅弟一分，纪泽一分，外二分送家中。各位先生，暂不能遍送也。

咸丰十年三月二十四日

致诸弟·以戒酒为第一义

澄侯、沅甫两弟左右：

澄弟移寓新居，光彩焕发，有旺相气，至慰至慰。

沅弟祭叔父文斐亹可诵，四字句本不易作，沅弟深于情者，故句法虽弱而韵尚长。

浙江克复，人心大定。太湖各营于二十四五日拔营，宿松四营于二十六日拔营，均至石牌取齐，进围安庆。朱唯堂一营初二日至江边，距宿松仅七十里。营中一切平安，予身体亦好。唯饷项暂亏，若四川不速平，日亏一日，必穷窘耳。

澄弟之病日好，大慰大慰。此后总以戒酒为第一义。起早亦养身之法，且系保家之道。从来起早之人，无不寿高者。吾近有二事效法祖父，一曰起早，二曰勤洗脚，似于身体大有裨益。望澄弟于戒酒之外，添此二事，至嘱至嘱。

咸丰十年闰三月初四日

致四弟·以黄芪党参熬汁和药，可治阳虚

澄侯四弟左右：

　　初二日由安庆沅弟处寄到弟信一件，得知弟体微有不适。不吃不呵，头上出汗，贪睡而不能酣眠。此三者皆系阳虚之症，于参茸桂附相宜。往年内子在京曾害阳虚之病，其时力不能买参茸，唯每日用大锅煮黄芪党参，熬成极浓之汁，唯不令成膏，恐其粘锅而有烧气也。每剂桂附姜术之类，分两皆重。又以力参茸片蒸而兑之，又以大锅中煮芪党浓汁和而服之，十馀日而大愈。今弟之病亦系阳虚，可照此法办理。以芪党两味各熬极浓之汁，和于诸药之中，必有奇效。但须好好经理，恐粘锅耳。

　　余到祁门已二十三日，身体平安。近处唯宁国被围紧急，日日告求救援。余因鲍超、张运兰等未到，不能往救，未免望极生怨，谤议日滋。浙江之事尚属平稳。弟现在不管闲事，省费许多精神，将来大愈之后，亦可将闲事招牌收起，专意莳蔬养鱼，生趣盎然也。

兄国藩手草

咸丰十年七月初四日

致四弟·保养之法亦唯在慎饮食、节嗜欲，断不在多服药也

澄侯四弟左右：

十六日接弟十一月二十三日手书，并纪泽二十五禀，具悉弟病日就痊愈，至慰至幸。唯弟服药过多，又坚嘱泽儿请医守治，予颇不以为然。

吾祖星冈公在时，不信医药，不信僧巫，不信地仙。此三者，弟必能一一记忆。今我辈兄弟亦宜略法此意，以绍家风。今年做道场二次，祷祀之事，闻亦常有，是不信僧巫一节，已失家风矣。买地至数千金之多，是不信地仙一节，又与家风相背。至医药，则合家大小老幼，几于无人不药，无药不贵。迨至补药吃出毛病，则又服凉药以攻伐之，阳药吃出毛病，则又服阴药以清润之，辗转差误，不至大病大弱不止。弟今年春间多服补剂，夏末多服凉剂，冬间又多服清润之剂。予意欲劝弟少停药物，专用饮食调养。泽儿虽体弱，而保养之法亦唯在慎饮食、节嗜欲，断不在多服药也。

洪家地契，洪秋浦未到场押字，将来恐仍有口舌。地仙、僧巫二者，弟向来不甚深信，近来亦不免为习俗所移，以后尚祈卓识坚定，略存祖父家风为要。天下信地、信僧之人，曾见有一家不败者乎？北果公屋，予无银可捐。己亥冬，予登山踏勘，觉其渺茫也。

此间军事平安。左鲍二人在鄱阳尚未开仗。祁门黟县之贼，日内并未动作。顺问近好，并贺新禧。

国藩手草

咸丰十年十二月二十四日

致诸弟·治身以不药二字为药

沅弟、季弟左右：

季弟病似疟疾，近已全愈否？吾不以季病之易发为虑，而以季好轻下药为虑。吾在外日久，阅事日多，每劝人以不服药为上策。

吴彤云近病极重，水米不进已十四日矣。十六夜四更，已将后事料理，手函托我，余一概应允，而始终劝其不服药。自初十日起，至今不服药十一天，昨夜竟大有转机，疟疾减去十之四，呃逆各症减去十之七八，大约保无它变。希庵五月之季病势极重，余缄告之云治心以广大二字为药，治身以不药二字为药，并言作梅医道不可恃。希乃断药月余，近日病已全愈，咳嗽亦止。是二人者，皆不服药之明效大验。

季弟信药太过，自信亦太深，故余所虑不在于病，而在于服药。兹谆谆以不服药为戒，望季曲从之，沅力劝之，至要至嘱。

季弟信中所商六条，皆可允行。回家之期，不如待金陵克后乃去，庶几一劳永逸。如营中难耐久劳，或来安庆闲散十日八日，待火轮船之便，复还金陵本营亦无不可。若能耐劳耐烦，则在营久熬更好，与弟之名曰贞，号曰恒者，尤相符合。其余各条皆办得到，弟可放心。

上海四万尚未到，到时当全解沅处。东征局于七月三万之外，又有专解金陵五万，到时亦当全解沅处。东局保案自可照准，弟保案亦日内赶办。雪琴今日来省，筱泉亦到。

同治元年七月二十日

致九弟·以能睡觉安稳为主

沅弟左右：

傍夕兰泉归来，备述弟款接之厚，才力之大，而言弟疾颇不轻，深为忧灼，闻系肝气之故。余日内甚郁郁，何况弟之劳苦百倍于我？此心无刻不提起，故火上炎，而血不养肝。此断非药所能为力，必须放心静养，不可怀忿恼气，不可提心吊胆，总以能睡觉安稳为主。

今日接到寄谕，江西厘金之讼，仍是督抚各半。然官司虽输，而总理衙门奏拨五十万两专解金陵大营，未必尽靠得住，而其中有二十一万实系立刻可提者，弟军四、五两月不逢哗溃，六月以后则淮北盐厘每月可得八万，故余转恼为喜。

向使官司全赢，则目下江西糜烂，厘金大减，反受虚名而无实际，想弟亦以得此为喜也。

同治三年三月二十七日

致九弟·必须将万事看空，毋恼毋怒

沅弟左右：

十三日接弟初十日书，具悉一切。

其时适闻常州克复、初八丹阳克复之信，正深欣慰，而弟信中有云"肝病已深，痼疾已成，逢人辄怒，遇事辄忧"等语，读之不胜焦虑！今年以来，苏、浙克城甚多，独金陵迟迟尚无把握，又饷项奇绌，不如意之事机、不入耳之言语纷至迭乘。

余尚愠郁成疾，况弟之劳苦过甚百倍阿兄，心血久亏数倍于阿兄乎？余自春来，常恐弟发肝病，而弟信每含糊言之，此四句乃露实情。此病非药饵所能为力，必须将万事看空，毋恼毋怒，乃可渐渐减轻。蝮蛇螫手，则壮士断其手，所以全生也。吾兄弟欲全其生，亦当视恼怒如蝮蛇，去之不可不勇，至嘱至嘱。

余年来愧对老弟之事，唯拨去程学启一名将，有损于阿弟。然有损于家，有益于国，弟不必过郁，兄亦不必过悔。顷见少荃为程学启请恤一疏，立言公允，兹特寄弟一阅。李世忠事，十二日奏结。又饷绌情形一片，即为将来兄弟引退之张本。

余病假于四月二十五日满期，余意再请续假。幕友皆劝销假，弟意以为何如？

淮北票盐、课厘两项，每岁共得八十万串，拟概供弟一军。此亦巨款，而弟尚嫌其无几，余于咸丰四、五、六、七、八、九等年，从无一年收过八十万者，再筹此等巨款，万不可得矣。顺问近好。

同治三年四月十三日

致九弟·养生以少恼怒为本

沅弟左右：

接弟信，知地道又被斗穿三洞，实堪愤闷。然与其轰开而被贼以火球堵住伤亡尤多，又不如被其掘穿，我之士气不大挫减也。弟须多方劝慰诸将，无过忧郁。

凡子弟生徒平日懒惰，场文荒谬而不售者，则当督责之；至平日劳苦，场文极佳而不售者，则当奖慰之。弟所统诸将，皆劳苦佳文之生徒也。余中厅悬八本堂匾，跋云：养生以少恼怒为本，事亲以得欢心为本。弟久劳之躯，当极力求少恼怒。纪泽事叔如事父，当极力求得欢心也。

又闻江西之贼将由青阳、芜湖回救金陵。厚庵调湘后三营，撤金柱关之防，余极不放心。渠言当面商吾弟，果商及否？望弟加意慎重。陆防江西、湖州之援贼，水防江面之接济，只要此二事办得认真，金陵终有葳事之日，无以地道无成、苏军将至稍涉大意也。

同治三年五月二十五日

致诸弟·脾以谷气为本

澄弟、沅弟左右：

本房连添二丁，尚有梦熊者五人，深为喜慰。星冈公之后，想亦必瓜瓞繁衍。吾近岁纯是老人情怀，专盼家中多添幼孩也。

鼎三体不甚弱，尤为欣慰。凡后天以脾为主，脾以谷气为本，以有信为用。望两弟常告鼎三，每日多吃饭粥，少吃杂物；无论正食及点心，守定一个时辰，日日不差。若有小小病症，坚守星冈公之教，不轻服药，至要至要。

富圫本算一等屋场，弟若肯代为收拾，必是第一等妥当。乃必待纪泽母子到家看定再行修葺，且令先在大夫第小住，实属情文周至。手足至亲，不复言谢。

进退大吏伤易，余亦深以为虑。然少荃不果赴洛，霞仙不果去位，朝廷择善而从，不肯坚执自用，即恭邸大波亦不久即平，是非究不颠倒。沅弟自以再出为是，下次再详论也。

同治四年十二月初六日

致九弟·不轻服药

沅弟左右：

纪瑞侄母子已抵鄂，娣为东而姒为宾，客到先而主到后。乱离之世，骨肉相聚本极难得，老年得之为尤难也。

弟足疾复发，极为廑系。湿毒在下，总非本原之病。然一求速效，杂投药剂，则难于见功。吾阅历极久，但嘱家中老幼不轻服药，尤不轻服克伐之药，即是善于养生之道。鄂抚衙署风水之说，弟能毅然不信，可谓卓识定力。如足毒不愈，亦须略为变通。兄向来不信择日风水，老年气怯，遂徇俗见，唯弟亮之酌之。

同治五年五月十一日

致四弟·以参茸燕菜作家常酒饭，亦终无所补救

澄弟左右：

弟之两孙，元五、元六，派名广文、广敷，余孙元七拟取派名广钧，既无偏旁合为一律，唯广字下一字用十一真、十二文之韵，声调较为清亮。

科三侄以直隶州知州用，系克复金陵后第二次恩旨。季洪弟赠内阁学士，亦系确有其事，即日当查出付回，尽可不花部费。蔡贞斋投营，无好差使可派。若其果来，不过如邹至堂、沈蔼亭之数，赠银百金，附案保奖。在我已属竭力周旋，而在渠仍无大益。或渠不来，余便寄百金遥周故旧，不知可否？弟一酌之。

服药之事，余阅历极久，不特标病服表剂最易错误，利害参半，即本病服参茸等味亦鲜实效。如胡文忠公、李勇毅公以参茸燕菜作家常酒饭，亦终无所补救。余现在调养之法，饭必精凿，蔬菜以肉汤煮之，鸡鸭鱼羊豕炖得极烂，又多办酱菜腌菜之属，以为天下之至味，大补莫过于此。《孟子》及《礼记》所载养老之法、事亲之道，皆不出乎此。岂古之圣贤皆愚，必如后世之好服参茸燕菜、鱼翅海参而后为智耶？星冈公之家法，后世当守者极多，而其不信巫医、地仙，吾兄弟尤当竭力守之。

兄近日身体平安。军事总无起色，西股已过洛阳，东股尚在山东，无术制之，实深焦灼。

同治五年十月初六日

谕纪泽·每日饭后走数千步

字谕纪泽儿：

曾名琼来，接尔十一月二十五日禀，知十五、十七尚有两禀未到。尔体甚弱，咳吐咸痰，吾尤以为虑，然总不宜服药。药能活人，亦能害人。良医则活人者十之七，害人者十之三；庸医则害人者十之七，活人者十之三。余在乡在外，凡目所见者，皆庸医也。余深恐其害人，故近三年来决计不服医生所开之方药，亦不令尔服乡医所开之方药。见理极明，故言之极切，尔其敬听而遵行之。每日饭后走数千步，是养生家第一秘诀。尔每餐食毕，可至唐家铺一行，或至澄叔家一行，归来大约可三千余步。三个月后，必有大效矣。

尔看完《后汉书》，须将《通鉴》看一遍。即将京中带回之《通鉴》仿照余法用笔点过可也。尔走路近略重否？说话略钝否？千万留心。此谕。

咸丰十年十二月二十四日

谕纪泽·"尽其在我，听其在天"，亦养生之道

字谕纪泽：

尔十一日患病，十六日尚神倦头眩，不知近已全愈否？吾于凡事皆守"尽其在我，听其在天"二语，即养生之道亦然。体强者，如富人因戒奢而益富；体弱者，如贫人因节啬而自全。节啬非独食色之性也，即读书用心，亦宜检约，不使太过。余八本篇中言养生以少恼怒为本，又尝教尔胸中不宜太苦，须活泼泼地，养得一段生机，亦去恼怒之道也。既戒恼怒，又知节啬，养生之道已尽其在我者矣。此外寿之长短，病之有无，一概听其在天，不必多生妄想去计较他。凡多服药饵，求祷神祇，皆妄想也。吾于医药、祷祀等事，皆记星冈公之遗训，而稍加推阐，教尔后

辈。尔可常常与家中内外言之。尔今冬若回湘，不必来徐省问，徐去金陵太远也。

近日贼犯山东，余之调度，概咨少荃宫保处。澄、沅两叔信附去查阅，不须寄来矣。此嘱。

同治四年九月初一日

谕纪泽、纪鸿·莳养花竹，饱看山水

字谕纪泽、纪鸿：

二十六日接纪泽排递之禀，纪鸿舢板带来禀件、衣、书，今日派夫往接矣。泽儿肝气痛病亦全好否？尔不应有肝郁之症。或由元气不足，诸病易生，身体本弱，用心太过。上次函示以节啬之道，用心宜约，尔曾体验否？张文端公英所著《聪训斋语》，皆教子之言，其中言养身、择友、观玩山水花竹，纯是一片太和生机，尔宜常常省览。鸿儿体亦单弱，亦宜常看此书。吾教尔兄弟不在多书，但以圣祖之《庭训格言》（家中尚有数本）、张公之《聪训斋语》（莫宅有之，申夫又刻于安庆）二种为教，句句皆吾肺腑所欲言。

以后在家则莳养花竹，出门则饱看山水，环金陵百里内外，可以遍游也。算学书切不可再看，读他书亦以半日为率。未刻以后，即宜歇息游观。古人以惩忿窒欲为养生要诀，惩忿即吾前信所谓少恼怒也，窒欲即吾前信所谓知节啬也。因好名好胜而用心太过，亦欲之类也。药虽有利，害亦随之，不可轻服。切嘱。

同治四年九月晦日